イタリア人精神科医
パントー先生が考える

しあわせの処方箋《Tips》

パントー・フランチェスコ

あさ出版

プロローグ
どうしたら「しあわせ」に
なれるのか

FRANCESCO PANTÒ

私たちは皆、しあわせになりたいと願っています。

しかし、異なる国（文化）のレンズを通して見ると、多くの理論家が最も普遍的な感情と考えている「しあわせ」でさえ、それぞれの文化において、独自のニュアンスを持っていることに気づきます。

何をしあわせとするかは十人十色、つまり個々人によります。

同時に住む国（文化）によっても、異なる可能性があるのではないか——。


申し遅れました。

私はパントー（姓）・フランチェスコ（名）という者です。

名前を見ればわかるように、日本人ではなく、シチリアで生まれ育ったイタリア人で、ローマの医科大学を卒業後、日本に留学。

イタリアと日本の医師免許を取得しており、今は日本で日々精神科医として診療（カウンセリング）などをしています。

「どうして、わざわざ日本に（来て、お医者さまをしてらっしゃるの）？」と、これまで何度も質問されてきました。

その答えは、

「小さいころに日本のアニメを見て以来、日本にはまったから！」


です。

ちなみに、初めて見たのは『美少女戦士セーラームーン』。

以来、ガチのオタクです。そして、日本が好きすぎて、日本で暮らしています。

日本に興味を持った、最初のきっかけはアニメ。

でも、そのうちに「**日本人の心の在り方**」にも、興味を抱くようになりました。

アリストテレスは「しあわせは人生の意味および目標、人間存在の究極の目的であり狙いである」と熱く語りました。

私たちの生きがいは、しあわせの追求と言っても過言ではありません。

この「しあわせ」を手に入れるためには何をすればよいのか、また私たちのしあわせは、そもそもどういったところに影響されているのでしょうか。

しあわせに関するある心理学研究では、しあわせな人とは「ほとんどの時間、ここちよい感情を持ち、自分の人生全体に満足を感じている人」[1]と特徴づけられています。

ただ、このような定義はどう考えても理想化されたしあわせの形であり、日常生活でそれが完全に得られるわけではないでしょう。

また、ある程度普遍的な定義に見えても、国（文化）によって、そのニュアンスは異なることも多いものです。

ある国（文化）の中で生きていると、「あたりまえ」のことが実は「他から（世界的に）見るとかなり変わっている」ということが、少なくありません。

いわゆる「カルチャーショック」ともいわれるものですが、日本は古くからその筆頭格ともいわれる国であり、その文化やそれに基づく国民性について、かなりの研究がされてきました。

わかりやすい例でいえば、「本音と建前」「察する（空気を読む／暗黙の了解）」「周りと合わせる」「極端に人の目を気にする」などが挙げられます。

日々日本で診療（カウンセリング）をしていると、これらの「日本人のあたりまえ」は優れた社会スキルとして機能している反面、しがらみとなり、日本人の心の不調や生きづらさの原因となってしまっていることが、多いのに気づかされます。

本書は、イタリア人（外国人）そして精神科医の視点から、カウンセリングを通じて見えてきた、

・日本人の心の特性
・日本特有の文化
・日本社会で暮らしながら、どうすれば日本人はもっとしあわせになれるのか

について、私の考えをまとめたものです。

本書の構成は、

・Ⅰ部
「（紙上）カウンセリング」→「診断結果」→「なぜ、その診断結果に至ったのか」。

また、診断結果の背景にある「日本社会・日本文化」について、私の実体験やそこから感じたことに加え、豊富なエビデンス（文化精神医学、人類医学、心理学ほか）とともに解説。

・Ⅱ部
日本人がしあわせに生きるために、
日本社会の文化・慣習と「うまく付き合うコツ」

・Ⅲ部
日本と他国のしあわせは、同じなのか違うのかとなっています。

言うまでもなく**メンタルケアは、しあわせと大きく関わりを持つ**ものです。日本人がもっとしあわせになる方法を提示するため、イタリア人（外国人）の視点による日本文化の特有性と、精神科医の視点による日々の診療（カウンセリング）などの具体例を豊富に交え、これから話を進めていきます。

II部

パントー先生は考えた 日本人がしあわせになるために 日本社会の文化・慣習と「うまく付き合う」コツ

III部
同じ？ 違う？
日本の「しあわせ」
他国の「しあわせ」

本文デザイン・DTP　梅里珠美（北路社）
本文イラスト　逢倉千尋

Ⅰ部
イタリア人精神科医
パントー先生の診療室

FRANCESCO PANTÒ

パントー先生の

診療室

カルテ①

「眠れない」「食欲がない」――原因は自分より他人を優先させたせい？

MEDICAL RECORD

Lさんは一年前に結婚したばかりの女性です。

「眠れない」「食欲がない」という主訴で、外来に来ました。

「こうなった原因に、心当たりがありません」というものの、いろいろお話ししているうち、結婚の話題になると、非常に口が重く、ぎこちない雰囲気になりました。

実は結婚相手とは、両親から強くすすめられ、半ば流されるようにして結婚したといいます。

「両親が強くすすめただけあって、申し分のない相手であり、仲も悪くない。ただ、自分に合うとか、好きというのとは、違う気もする」というLさん。

私の目から見て、結婚生活が主な原因となり、不安が高ぶり、不眠や食欲不振という症状が出ているのではないかと思われました。

パントー先生の
しあわせの
処方箋①

「本当はどうしたい?」——しっかり自分を尊重しよう

PRESCRIPTION

皆さんはお腹が空いたとき、どうやってその欲求を満たしていますか。同じく喉《のど》が渇いたときには、どうしていますか。

「あたりまえすぎて、答える必要もない」と思われるかもしれませんが、実は私たちはこんなあたりまえのことなのに、欲求を満たさなかったり、とるべき行動を間違ってしまうことがままあります。

Lさんは結婚相手に経済力などの条件は、そこまで求めておらず、相性がよく好きな人と結婚したいと考えていましたが、その自分の欲求を満たせませんでした。

ご両親からの「娘を思うが故の〝強い圧力〟」**=周りの基準を自身の基準としてし**

まったため、周囲（社会）から見てふさわしいといわれる人を、結婚相手として選んでしまったわけです。

これでは、不安が高ぶり心身の不調が出てしまっても、おかしくありません。

むしろ、その不安こそ人間の感情として自然なものといえます。

適応障害――つまり環境的な原因による精神症状の場合、環境を調整しない限り改善することがなかなか難しいものです。

また、環境を調整するには、周りに素直に相談することが欠かせません。

Lさんの場合は、原因がわかったことで少しすっきりし、これからどうすればいいのか、じっくり考えながら決めたいということになりました。

特に、恋愛においては、自身の基準以外のみで決めてしまうのは、かなりの危険性を孕《はら》みます。

たとえば「女性は男性より稼ぐのは好ましくなく、そういう女性と付き合う男性は甲斐性がなく、カッコ悪い」などという、バカげた（とあえていわせてもらいます）

固定観念に取り込まれると、好きな女性が自分より稼いでいる場合（その逆の場合も）、みすみすしあわせを逃してしまう恐れもあります。

また、自分は相手の性別を気にしていないのに、社会から見れば男女が付き合うべきという概念を取り込めば、同じくしあわせを逃します。

犯罪行為にもならない限り、「自分の基準」で物事を決めていいのです。

周囲の感情などを優先しすぎて、自分の感情を後回しにせず、どうぞ**自分で自分を尊重してあげてください**。

日本の恋愛、何が大変？
――過剰な理性を感情の世界に振り込む日本

「社会からの承認」が何より大事

「日本人は付き合いに、結婚を過剰に意識する傾向がある」

――日本人と恋愛した外国人ならば、誰もが思い当たることです。

欧米では、交際から同棲を経て、徐々に結婚を意識しはじめる傾向がある一方で、日本人は20代なかばになると、結婚を強く意識する傾向があります。

「結婚前提のお付き合い」――それ自体は何の問題もありません。

ただ、結婚を意識しすぎることで、自然に絆が深まることがなく、また純粋な「好き」という気持ちではなく、まったく違った理由を最優先にし、むしろ好きでもないのに結婚してしまうことが懸念されます。

さらに、驚かされるのが、いわゆる「電撃結婚」です。

相手の価値観を十分に確かめ共有していないのに「結婚に突進する」――電撃結婚は、イタリア人（外国人）であり、精神科医でもある筆者には、首をかしげざるを得ない行動です。

電撃結婚をして、いざ一緒に暮らしはじめたら、赤の他人といることに気づいて、適応障害または関係破壊に至るケースは珍しくありません。

これらのケースはまるで、賞味期限（世間的にいわれる〝適齢期〟）が切れる前に、「一人前になりましたよ」「結婚できますよ」「俺は非モテではないですよ」「私はかわいいと思われてますよ」という、社会に対する承認を渇望している裏返しのようです。

ちなみに筆者は、ある年齢（期日）が過ぎると意味がなくなるという意味で、クリスマスケーキ恐怖症と命名しています。

人生のパートナーを純粋に見つけたい気持ちを蔑ろにして、今の日本人は社会の基準や、経済的なニーズなどに支配されて、ある程度の年齢になると、結婚を焦ってしまう傾向があるのではないでしょうか。

特に、女性は20代後半ともなると、次の恋愛（現在付き合っている場合ももちろん）は、必ず結婚につながるような付き合いでなければならないという、焦りが生じるように思われます。

結婚を前提としたお付き合いでないと、もったいないという考えもあるのでしょう。

自分で自分の首をしめる日本人

他にも、欧米と日本の結婚・恋愛の大きな違いとして、愛の告白をかなり早い時期に期待されるということが挙げられます。

日本のカップルが付き合いはじめるとき、多くの場合「告白」が欠かせません。

日本では、きちんと告白してお互いの気持ちを確認しないと、カップルとしての関係が始まったと見なされるのは珍しいでしょう。

欧米のカップルは、相手の気持ちを確認するよりも、何度もデートを重ね、徐々に体を許し、徐々にお互いに付き合っているという意識を高めていく傾向があります。

そのため、欧米では「コーヒーに付き合ってくれるならチャンス！」と、非常に前向きに考える人が少なからずいます。

確かに、自分から積極的にアプローチすれば、相手が自分に恋愛対象として興味を持ってくれているかどうかは、すぐにわかります。ただ、早期段階のコミットメントを要求することで、恋愛の自然な実りを育てる余裕を、奪ってしまうことにはならないでしょうか。

「これから付き合います」とキリッと出発点を切るより、相手に対してそれほどまでに思いを高めるようになる過程のほうが、貴重なのではないかと思います。

また、相手に「付き合いたい」と思わせるには、お互いの自己開示が前提となります。

結果、相手を知ってから付き合うことになり、のちのち、まったく知らなかった側面が突然浮上するリスクも少なく、安定した関係が長く続くでしょう。

欧米では、「お試し」の同棲は、結婚前の重要なステップと位置づけられています。相手の価値観を純粋に確かめたいのであれば、結婚するかどうかの判断材料として、相手との絆を深める同棲はかなり意味のあるものとなります。

しかし、日本ではそれほど一般的な習慣ではなく、「結婚もしないで、一緒に住むなんて！」と未だ白い目で見られがちです。

定義についての強いこだわり

「はっきりした境目がないと落ち着かない」というのは、日本人の定義に対してのこだわりも垣間見られます。

「定義にこだわる？　日本人はあいまいな（はっきりさせない）ことを好むのでは」と、反論されるでしょうか。日本（人）はそのような傾向が強いとされますが、私からすると特定のラベル（これも定義の一種だ！）を貼らない限り落ち着かず、特定のプロトコル（これも定義の一種だ！）に従わないと混乱する場面を多く目にします。

たとえば、バレンタインデー。

花子さん「はい、チョコレート（あげる）！」
太郎さん「ありがとう！」
（心の中で、「えええ……、これは、何チョコレートなんだろう……？」）

もらったチョコレートは、「義理（チョコ）」なのか、「友（チョコ）」なのか、それとも「本命（チョコ）」なのか。はっきり、このジャンル（この例の場合は、チョコに込められている思い／これも定義の一種だ！）がわからないと、その人との関係性まで、わからなくなってしまいます。

もちろん、「定義」をつけること自体は、物事を理解したり、整理しやすくなる側面もあって悪いことではありません。

ただ、この傾向が**極端になると、「想像力の欠如」と「柔軟性の欠如」に発展する恐れ**があります。そして、**日本人にはその傾向がことさら強く、自分で自分の首をしめるようなケースも多々見受けられます**。

たとえば、事務的な手続きや、店の対応に関わる職業の場合。ちょっとした例外、マニュアルに想定されていないことが発生すると、「どうしよう」とオロオロするか、「決められた手順がないと（できない）」と、臨機応変に対応できないことが多いのではないでしょうか。「自然な流れに身を任せる」など、日本人にとっては恐怖でしかなく、「考えなし」の烙印を押されることになるでしょう。

「カップルだから手をつないでいます」

一般的な愛情表現も、日本と欧米では異なります。

元彼との最初のデートで、私たちはあきらかに意気投合していたので、駅でお別れの際に、ちょっとしたキスくらいはしてくれると思ったのですが、私が受けたのはぎこちないハグだけでした。

と、日本に留学している女性は、とても残念そうに語りました。

欧米では、人前でハグやキスをして、愛情を表現するカップルをよく見かけますが、一般的に日本のカップルは手をつなぐことはあっても、人前でキスをしているところはまず見かけません。

興味深いことに**手をつなぐのも、「カップルだから、手をつないでいます」といった、不自然な感じがかなり強い**のです。

ここにも、自然な流れに身を任せることが不得意であることが目立ちます。

まるで、「今の気持ちであれば、手を取りたくなる」「今の気持ちであれば、そうしたくない」――という感情よりも、「カップルは手をつないで歩くべき！」という設定を、重んじているようです（これも定義に対するこだわりでしょうか……）。


日本人が、公の場にて愛情表現を避ける理由は、大きく分けて二つあるでしょう。

①プライバシーを重視する傾向があるため、
カップルとしての個人的なつながりを守りたい。

②愛情表現を表す行動は公共的なモラルに欠け、周囲に不快感を与えてしまう人もいるのではないかと考えている。

また、**「言わなくとも、相手は自分の気持ちをわかってくれる（察するべきだ）」と思っているため、そもそも、愛情を言葉や行動で表現する習慣がないに等しい**ことも挙げられます。

愛情表現が足りずに、こじらせにこじらせ、大げんかに発展することも少なくないにもかかわらず、**日本社会では「暗黙の了解」「察すること」「空気を読むこと」が求められ、それが日本独特の文化となっている**のです。

そして、これは恋愛・結婚に限った話ではありません。

「恋愛」にロマンはいらない？

結婚に対しての意識的な労力が「婚活」であり、出会いの場として定着しているのが「婚活パーティー」（合コン含む）です。

利点も、もちろんあるでしょう。

一つは、同じようにパートナーを探している多くの人と、いっぺんに出会えること。

ただ、欧米人が驚くのは、恋愛の世界にもかかわらず、「就職と変わらない」――特定の職業や収入、年齢層の人を対象に出会いを求め、冷静で効率の良いコツコツとした活用をしていることです。

日本に在住する、フランス人女性はいいます。


合コンに誘われて参加して、怒りを覚えました。

女性と男性は並んで、男性は自己紹介のときに、年収を公表していたのです。

私から見て、とっても不自然で違和感を感じました。

人生の相棒になるかもしれない人を、卓上の計算で選ぶのは、ヒトとしてどうだろうと思って、途中「体調が悪くなって」といい、その場を離れました。


これは恋愛において日本人は打算的で、欧米人はピュアという短絡的な考察をしているわけではありません。

ただ、総括的な考察でいうと、**日本人は欧米と比較して恋愛においても、感情より理性をはるかに優先させる**ようです。特に、愛情表現と人生の伴侶選びにロマンを求め、美化する欧米人から見ると、**過剰な理性を感情の世界に振り込む**印象があります。

一方、家庭を作る意味では、欧米人のやり方は逆に計画性の欠如が垣間見られます。

パッションに盲目的に惑わされ、人生を棒に振ることもあるため、相手の経済的能力や、容姿のような進化論的な特徴を評価すること自体は、否定できません。恋愛においてもある程度の計算は自然で、むしろ健全でしょう。

事実、パッションに惑わされて、実は相手と相性が悪いとわかるケースも欧米の恋愛現場にはよくあります。

また公の場や周囲の場に溶け込んで、過剰な愛情の表出をしないなどは、極めて常識的な行為です。

ですが、パッションの流れに抗えず、直感に任せた魅力をまるまる、あきらめてしまうのも、どうかと思ってしまうのです。

パントー先生の
診療室
カルテ②

MEDICAL RECORD

「〇〇だから、こうするべき」――決めつけが自分を苦しめる

最近結婚したDさん（女性）。

結婚するまで社交的でアクティブであり、男女問わず数多くの友人がいました。

しかし、結婚してから、パートナー、親、周りの友人から何の圧力もないにもかかわらず、早めに子どもを授かりたい思いもあり、良妻や賢母らしく振る舞いたい気持ちで、いっぱいとなっています。

良妻や賢母は男性（異性）の友人を持つべきではなく、できるだけ同じ年頃の子どもを持つお母さんと付き合ったほうが良い。

スタイルについても、自身のフェミニンな部分を引き出すのは相応しくないと自分で決めつけ、かわいいスタイルが好きなのに、大人らしい、お母さんらしいスタイルで統一するようになりました。

最初は特に問題がないどころか、楽しく、自身の新しい側面を見つけたかのように感じていたそうですが、いつの間にか、窮屈で閉じ込められているような感じに陥り、自分自身を形づくる大きな何かを、失った気がするようになったといいます。

一方で、周りの褒め言葉に陶酔する自分もおり、そういった作り上げた「キャラ」から抜け出すことが困難となっています。

自分の中では大きなしあわせ、表現力を押し殺しているとわかっており、最近気が塞ぎ込み、子どもを授かり、育てていくことについても、自信をなくすようになってしまい、受診されたといいます。

パントー先生の
しあわせの
処方箋②

PRESCRIPTION

「自分を押し殺さないで」
――無理な演出はしなくていい

Dさんは良妻や賢母の「であるべき姿」の普遍的な理想像に憧れ、また周囲の賞賛、承認を得るため、そういった理想像を過剰に身につけた可能性があります。

これは、「**社会的なアイデンティティー（social identity）／役割**」の罠に落ちてしまったともいえます。

「アイデンティティー」と聞いたとき、どのようなイメージを持つでしょうか。

アイデンティティーとは、自分が自分であること、さらにはそうした自分が、他者や社会から認められているという、感覚のことを指します。

日本語では「自我（自己）同一性」「存在証明」とも呼ばれています。

アイデンティティーには、「社会構造（social structure）／役割」と「媒介論（agency）／固有性」という概念[2]があります。

心理学者のトイッＰＡ氏以降の研究者は、「社会構造としてのアイデンティティー」と「媒介としてのアイデンティティー」のことを言及するとき、それぞれ「社会的なアイデンティティー（social identity）」と「個人的なアイデンティティー（personal identity）」といっています[3]。

そのため、一般的には、

■「社会構造（役割）」
＝**「社会的なアイデンティティー（social identity）／役割」**

■「媒介論（固有性）」
＝**「個人的なアイデンティティー（personal identity）／固有性」**

のように理解されています。

Dさんの理想像（＝「社会的なアイデンティティー（social identity）／役割」）への憧れは、もちろん偽りではありません。

本人は純粋に、そういうふうになりたいと思っています。

ただ、ここに潜んでいる「罠」は、**その役割のみに没頭してしまい、他の側面（他の役割や固有性）にすべてフタをしてしまった**ことといえます。

良妻や賢母であっても、フェミニンな側面、かわいい側面があってよく、パートナーを不愉快な気分にさせていないなら、男性の友人を持ち続けてもいいのです。

その場面場面で、さまざまな自分の側面を切り替えることは、自分自身も生活をも豊かにし、充足感を与えます。

本当に良妻賢母になりたいなら、他の側面をあきらめないといけないという、思い込みを解く必要があります。

Dさんには、「なぜ、かわいい側面も、あったほうがしあわせなのか」「女性らしい自分でなければ、良妻賢母の自分に悪影響を及ぼすと思われること」を、書き出してみるようにアドバイスしました。

また、たとえば幼馴染と一緒に出かけたときに、一度は手放してしまった服を着たり、自分の気持ちを素直にパートナーに相談し、いろいろな側面を部分的にでも発揮できるようにアドバイスしました。

＊＊＊

ただ、どうしても、状況的に「社会的なアイデンティティー（social identity）／役割」に徹しざるを得ない時期も、あるかもしれません。

その際は、一時的に「個人的なアイデンティティー（personal identity）／固有性」をあきらめ、少し先の自分を想像してみるといいでしょう。

不満を感じるのであれば、その**不満こそが、あきらめたくない、いくつかの自身の側面を取り戻すための原動力にもつながる**からです。

“自分”を理解するために必要なこと

「役者」の自分と「素」の自分

「社会的なアイデンティティー（social identity）／役割」は、よく役者にたとえられます。「外」から与えられ（託され）れた役割を基にして振る舞うことが、暗黙のうちに求められるからです。

たとえば教師が服装、振る舞い、言葉使いのほか、濃すぎる化粧など、特定の規範や教師としてのあたりまえ（教師らしい振る舞い）に反して出勤すれば、プロフェッショナリズムはもちろん、その資質までも疑われてしまいます。

つまり、教師としてのアイデンティティー（＝「社会的なアイデンティティー（social identity）／役割」）を失ってしまいます。

医師は医師らしく振る舞わない限り、いかに医師として優秀であろうと、患者に大きな不安を与えてしまいます。これも、医師としてのアイデンティティーを失ってしまいます。

教師であれ、医師であれ、その役割を保ちたい限り、まとわる「ルール」から脱することができず、言動上で自由度が少ないでしょう。

また、AさんとBさんという二人の医師がいた場合、まったくの別人であろうと、「社会的なアイデンティティー（social identity）／役割」は根本的に変わりません4。

これは、他の「役割」にも共通します。

一方で、「個人的なアイデンティティー（personal identity）／固有性」としてのアイデンティティーは、外部の役割に依存しません。

自身の選択に基づいた、オリジナルのアイデンティティーそのものです。

「社会的なアイデンティティー（social identity）／役割」より「個人的なアイデンティ

ティー（personal identity）／固有性」のほうが、しがらみも少なく、自由に成立するアイデンティティーであるため、健全な精神健康に大きく貢献し、メンタルヘルスを安定して保つことができると、心理学者のトイツPAはいいます。

自分で生み出したアイデンティティーを通じて生きたほうが、しあわせを手に入れる確率が高いというのは明白なことでしょう。

「役割」というドレスを脱げない日本人

ただ、人は社会から求められているものを、ある程度重んじて生きないと他者と共存できません。

人は誰もが、社会の中でさまざまな「ポジション」や「役割」を担っているからです。

たとえば、Qさんという人がいたとします。

Qさんは医師であり、Rさんのパートナーで、Sさんのお父さんです。Tさんの親友で、Uさんの同僚でもあり……という具合に、社会（他者）と自分が結びついています。

この私たちの内面に存在する「役割」や「ポジション」は、心理学研究において「**内在的な位置の指定**」[5]と言われています。

「社会的なアイデンティティー（social identity）／役割」と「個人的なアイデンティティー（personal identity）／固有性」は、**相互作用を通じて健全な自己認識＝「自己観」を生み出します**。

この二つのアイデンティティーが、ある程度一致し、少なくとも、根本的なところで共通していないと、メンタルヘルスを安定して保つことが難しくなってしまいます。

そのため、私たちは「社会的アイデンティティー（social identity）／役割」と「個人的なアイデンティティー（personal identity）／固有性」を、繊細なバランスの上で共存させながら社会生活を送ることになります。

ただ、筆者から見ると、**日本社会は「社会的なアイデンティティー／役割」を追求**

する場面が非常に多いように見られます。

自分の感情はぐっと抑え、「役割」（「社会的なアイデンティティー（social identity）／役割」）をちゃんとこなせる人こそ「（社会人として）一人前」であり、評価されるうえでの大前提となります。

逆に自由気ままの「個人的なアイデンティティー（personal identity）／固有性」を表に出す人は、「半人前」として扱われがちです。

適当、アバウト、頼りにくい、思いやりがないといわれ、評価されません。

そのため、日本人は感情を表に出すことについて、無意識のうちに制御しているケースが多々見受けられます。感情を表に出すと、「役割」を失い、「役割」を失うと、社会に居場所がなくなるという恐怖がそこにあります。

もちろん、日本社会で暮らすうえで、その恐怖はわからなくはありません。

ただ、「社会的なアイデンティティー（social identity）／役割」というドレスを、一分の隙もなくがんじがらめに身にまとったままでは、しあわせになるどころか、メンタルヘルスを保つのも難しくなってしまいます。

「自分」より「周り」が優先されるアイデンティティー

オークスPJによると、**「個人的なアイデンティティー（personal identity）／固有性」が「発動」して初めて、人は自分のことを他の人と区別をつけ、集団の目的より自分の目的に、目を向けることができるようになる**といいます[6]。

本来、私たちは本当の自分を理解するために、「個人的なアイデンティティー（personal identity）／固有性」の探求に努めなければならないのです。

医師Aさんは臨床の場面において、医師としての役割をしっかり果たしながら、独特なカウンセリングのやり方を好みます。

医師Bさんは、「医師たるもの、患者の前に素を表出してはならない」と思い、わざと声のトーンを変え、意識的に距離を置く努力をしています。

この例では、医師Aさんは「社会的なアイデンティティー（social identity）／役割」

を保ちながら、「個人的なアイデンティティー（personal identity）／固有性」を、ある程度表現しています。

一方、医師Bさんは医師として患者に接する際、「個人的なアイデンティティー（personal identity）／固有性」を表出してはいけないと思っています。

日本人（社会）は医師Bさんに共感を覚える人が、圧倒的に多いのではないかと思うのは筆者だけでしょうか。

法則、ルールに準じながら、「個人的なアイデンティティー（personal identity）／固有性」を引き出し、「社会的なアイデンティティー（social identity）／役割」がメインとなるような場面でも、ある程度自然に湧き上がる「個人的なアイデンティティー（personal identity）／固有性」を、押し殺すことをしない。

同様に、プライベートにおいて、流れ出る「個人的なアイデンティティー（personal identity）／固有性」をムリにカジュアルに演出することもない。

メンタルヘルスが安定している人は、この二つのアイデンティティーを柔軟的に切り替えることができるのです。

たとえば先ほどの医師Aさんであれば、プライベートで医師としての意見を聞く友人がいれば、その友人にプロフェッショナルな側面を見せたりと、バランスを取れるというわけです。

パントー先生の
診療室
カルテ③

「思っていること」を伝えたってしょうがない？

Cさんは不安が強く、過換気発作と不眠症、意欲低下で受診しました。

最近、上司に叱られたり、結婚相手になじられるのが辛く、日常生活において喜びを感じないといいます。

自分の気持ちが理解されていないと思うけれど、自分の気持ちなんて伝えてもしょうがない、価値なんてないのではとも訴えます。

話を伺っていると、環境との不適応による障害、いわゆる適応障害と診断できました。そのため、本来であれば、薬剤の使用より環境調整が望ましいと、Cさんに根気強く伝えました。

ただ、本人は環境について、積極的に何かを変えられるとは、まったく思ってもいないようです。

パントー先生の
しあわせの
処方箋③

PRESCRIPTION

「今、何を感じているの?」——自分の感情を取り戻そう

Cさんは自身の不幸の源を正しく把握できておらず、解決策がないと思い込んでいるようです。

「自分」と「周り」の感情がぶつかり合えば、一触即発の今の状況が、さらに激化してしまうと思っているのではないでしょうか。

そもそも、自身の感情を伝えようとしないのは、「自分には価値がない」「自分が劣っている」という先入観によるものだと思われます。

ただ、その**感情の抑制と抑圧こそが、Cさんの辛さに拍車をかけています**。

上司に対して無口になるからこそ、叱られる。

結婚相手から見れば、自分に対して無関心というふうに、映っていることでしょう。

まず、Cさんは自分が何者であり、何を感じているかを理解する必要があります。

感情を抑制・抑圧している人は、自分の感情と同律する歯車が「錆びついて」いることも多いため、「お腹が空いた」「疲れた」「眠い」「この映画、おもしろくない！」などの簡単なことから、自身との感覚をつなぐ橋を修復してみましょう。

感情を抑制・抑圧する人の中には、「お腹が空いた」「おトイレに行きたい」「眠い」という感覚でさえ、覚えてはいけないと思っている人も存在します。

このため、**五感を認識するだけで、「自分」と「周り」の区別を取り戻すことができる**ことも多いのです。

ポイントは、考えるだけでももちろんよいですが、**できるだけ自分の感情を「書き出してみる」**ことです。

また自信が少しでもついたら、上司にも、家族にも自身の感情や、できること・できないことを素直に伝えてみましょう。

そこでもし関係が破綻してしまったとしても、自身の感情が常識の範囲内であれば、自分が間違っているわけではなく、逆に相手が自分のことを十分に理解してくれない存在だとわかります。

しあわせを得るには、まず、自分のニーズを重んじ、できること・できないこと、つまり心の限界を知ることが必要となります。

紙に自身の感情を託す、信頼できる人だけに本音を打ち明ける。できることから、自分の感情を開放していきましょう。

感情を表に出すと「居場所がなくなる」日本

重視される「感情調節」

近年メンタルヘルスケアにおいて、**感情調節**の役割が重要視されるようになっています。

感情調節とは、「自分の目標を達成するために、情動反応、特にその集中的・時間的特徴をモニタリングし、評価し、修正する外発的・内発的プロセス」と定義されています[7]。

何のことかと思われたかもしれませんが、要するに、**健康的に自分のポジティブな**

感情・ネガティブな感情と向き合える能力、また、**困難な感情に適応的に対処する能力**といえます。

感情調節は、うつ病、境界性人格障害、薬物使用障害、摂食障害、身体表現性障害、心的外傷後ストレス障害（ＰＴＳＤ）など、さまざまな精神病理学的症状と関連していることが、数多くの研究によって証明されています。

そのため、感情調節を整えるアプローチは、有望な治療標的として研究されており、医療現場のカウンセリングにおいても、認知行動療法、アクセプタンス&コミットメント・セラピーなど、その手法が数多く存在しているのです。

「自分の感情を知り、取り扱う」とは？

感情調節能力には、正しい感情表現能力も含まれます。

自身の感情を調節するには、まず「自分」と「周り」の隔たりを理解しなければなりません。「周り」の感情を誤って「自分」の感情にしてしまうと、いつの間にか居場所をなくす恐れがあるからです。

「自分の感情を知って、取り扱う」ことができないと、「周り」と合わせるために自身の感情を否定、抑制、抑圧してしまいます。

皆さんにも、心当たりはないでしょうか？

感情抑制とは、他のことを考えたり、物事を我慢したりすることによって、苦痛となる感情を意図的に回避することと定義されます。

一方、感情抑圧とは、否定的な感情を意識的に収めると定義されています。

感情抑制・抑圧ともに、行動レベルでは、健康的な感情表現の代用として過食、過剰な睡眠、過剰な出費などの不健康な対処行動を誘発するとされ、生理学的レベルでは、ストレスに対する自律神経反応性が高いことなどが報告されています[8]。

つまり、神経内分泌の調節異常は、ストレス過程や習慣的な健康被害行動によって誘発されるにせよ、感情抑制・抑圧は多くの慢性疾患の進行やがん、ひいては早期の死に関与していることが示唆されています[9]。

他の研究では、特に怒りの抑制に関して、全死因の死亡率が増加することが指摘されてもいます[10]。

度が過ぎれば、心身ともに疲弊する

筆者の目からすると、日本人はあらゆる場面において感情抑制・抑圧傾向が、かなり強いように感じます。

一方で、日本人のコミュニティサンプルでは、感情抑制・抑圧のレベルが低いほど健康状態が悪くなり、日本人のがん患者では、そのレベルが高いか低いかよりもむしろ中程度であるとの、研究データもあります[11]。

「では、日本人の場合は感情を抑制・抑圧しても問題ないのでは」

——と思われたでしょうか。

残念ながら、それには賛同できません。

私たち人間は、周りの承認がある程度必要な生き物であり、その社会のルールを重んじたほうが恩恵を受けやすくなります。

つまり、**日本社会の場合は、自分の感情を押し殺しても、周りと合わせるほうが、安心感にもつながり恩恵がもたらされる**というわけです。

日本での診療を通じて見ても、度を過ぎる感情抑制・抑圧はあちこちでほころびが出て、心身ともに疲弊するケースが少なくないようです。

また、自分の感情を他者に開示したがらない人は、他者から共感的な反応を引き出しづらくなります。

書いて感情表現を改善しよう

とはいっても、日本人にとっては「自分の感情を表に出す」というのは、なかなか難しいことでしょう。

では、どうすればいいのでしょうか？

感情表現は、基本的に対人的な活動です。

ただ、他者とそこまで関わる自信がないときには、書く練習を通じて表現力を高めて、感情表現を改善することをすすめます。

たとえば、相手に言えなかったことを、メモ帳に書いて発散してみるのも方法の一つです。

感情を開示することによって、健康への重荷を軽減、または緩和する効果があります。

実際に、支持的表現療法（supportive expressive therapy）の研究では、感情抑制・抑圧とそれが引き起こす苦痛を軽減できることが示されています[12]。

他の研究では、表現的作文（expressive writing）が、免疫と神経内分泌に有益な効果をもたらすことが示されています。

もちろん、ガンと診断された人が支持的表現療法をやっても、ガンによる死亡の確率を低下させるわけではありません。

しかしながら、支持的表現療法のような治療は、生存に影響を及ぼすかどうかにかかわらず、**苦痛を軽減することによって、生活の質を改善する**可能性があるといえます。

さまざまな負担も少なく、おすすめの方法といえます。

パントー先生の
診療室
カルテ④

「察する」ことが心身を蝕んでいる？

引き続き、Cさんの例です。

Cさんは感情表現が、悩みの大部分を占めています。

日本の「察する」という文化もあって、同期、上司、結婚相手の気持ちを読み取り、彼らの気持ちを踏みにじらないために、最善の配慮をしています。

ただ、この思いやりこそ、自身の感情表現を蝕んでいる可能性があります。

相手が怒るだろう、不愉快だろうと思うと、自分の気持ちを伝えるのをあきらめて、溜め込んでしまいます。

結果として、いろいろな意味で相手に近づけなくなっています。

仕事に行くと体調を崩し、結婚相手と接することすら、体調不良の要因となってしまっています。

パントー先生の
しあわせの
処方箋④

PRESCRIPTION

「自分の感情が何より大事!」——それで、いい!

日本人は禁欲的傾向があり、また「より大きな善のため」長期主義的傾向も強く、一時的な感情の満足を遅らせがちです。

Cさんも自身の個人的な感情(表現)よりも、他者の感情や会社の成果のほうが価値があると思っているのではないでしょうか。

ただ、この考え方は、さまざまな健康被害につながる可能性があります。

Cさんにはすでに、なるべく自分の感情を書き出すこと(筆記開示)をおすすめしましたが、それ以外にも、いくつか対処法があります。

まずde learning(デ・ラーニング)。聞いたことがあるでしょうか?

簡単に言うと、学んだ（思い込んだ）ことを忘れることです。

一見、とても建設的なこととは思えないかもしれません。ただ、もし学んだ（思い込んだ）ことが有害だとすれば、それは忘れてしまったほうがいいと思うはずです。

このケースでは、**「自分の個人的な感情は、相手の感情より大切ではない」という思い込みを、忘れるべき**といえます。

de learningのプロセスは単純なものとはいえず、長年構築した感性の軌道修正は、一回の話し合いでどうこうできるものではありません。しかし、こういった体験の積み重ねは、その一助となり得ます。

テクニックは以下となります。

まずは、「一日一つ、自分の好きなこと、嫌いなこと」を口にしましょう。

そうすることで、「個人的なアイデンティティー（personal identity）／固有性」が表出でき、自分の好き嫌いを強く意識できます。

ポイントは声に出すこと。そうすることで、自己肯定感がより高まります。

カウンセリングを通じて見たときに、自身の存在がまるで「迷惑」だと感じている日本人が、少なからずいることに驚かされます。

そのような傾向にある人たちにとっても、自分の存在を肯定する第一歩になるでしょう。

慣れないうちは、一人のときに声にすればＯＫ！　別に誰かに対してできなくてもいいんです。

次のステップで、信頼できる家族、親密な関係の人にも大胆に自分を表現してみましょう！

最初は、恐る恐る口にすることになるかもしれませんが、徐々にその「醍醐味」を感じるようになれるはずです。

自己開示をしにくい国民性

怒る欧米、無視する日本

感情の評価理論では、感情は（内的または外的）刺激事象の、知覚された性質に基づく一連の評価を通じて引き出され、区別するとされます。
悲しみ、怒り、恐怖のような否定的感情は、目標の妨害／不快——つまり、望ましくないことが起こったときの、評価によって特徴づけられます。

私たちは相手から表出された感情に基づき、「リバース・エンジニアリング」により、その人と出来事の関係とその感情の意味を再確認しています[13]。

「ごめんなさい」と相手に言ったときに怒りの顔で見られたら、「まずい」と感じるでしょう。そのことです。

ここで、怒りは常に社会規範違反の強力な社会的シグナルとなるため、国や文化的な違いは認められないのではないかと、思われるかもしれません。

しかし、怒りの表出がそれほど支持されない文化では、怒りは規範違反のシグナルとしてそれほど強力ではない可能性もあります。

それこそ、調和を目指す日本の場合、怒りはもちろんルールを破ったシグナルにはなりますが、むしろ**沈黙（無視）のほうが、より負の感情と連携している**ことが多いでしょう。

相手に「あなたが悪い！」と伝えたいとき（正当かどうかをさておき）、日本の場合、無視することが多く、欧米の場合は積極的な怒りで相手を責める傾向があるようです。

相手の反応によって、私たちの感情表現は左右され、あるいはその組織の一員であれば、「間違っている人」の扱いを受けたくないからこそ、相手や周りと合わせる可能性もあります。

また、外国にいる場合は、自身の信念、慣習にそぐわないことでも、白い目で見られたり、あるいは危険な目に遭わないために、周りを観察して、できるだけ同じ行動を模倣する場合もあるでしょう。

「表情」は他者との関係性を保つためのもの

ここで注意しておきたいのが、怒りと悲しみなど文化間での感情の変化を調べる際、研究者が使うのは文化についての文脈がなく、非常にプロトタイプ的な強い表情に基づいているということです。

どういうことかというと、国によって感情の解釈や表出の精度には差があります。日常的な感情は一般的により繊細であり、典型的な範囲に収まらないことも少なくありません。文脈の中で生じる感情は千差万別であり、一つのパターンにグルーピングしにくいこともあります。

たとえば欧米と比較して、日本人の表情はかなり繊細だといわれています。

表情筋の動きは少なく、それぞれの感情へのつながりがよみとれないことも多く、欧米人から見れば、感情を区別しにくい部分が多々あります。

また**日本の社会では、感情は自身のアイデンティティーの表出というよりも、他者との関係性を保つためのツールとして解釈されます**。

このため、**わかりやすさではなく「察し」に基づき、「空気」の解釈＝空気を読むということに任せる部分も多い**のです。

実際、感情表出のルール、つまり適切な感情表出を導く社会的ルールには、強い文化的差異があります。

相互依存性が高い民族は、集団主義的関心や調和の維持にとらわれており、怒りの表現など、否定的感情への関心が低い傾向があるとされています。

否定的な感情を避ける傾向がある日本人は、特にドイツ人などの欧米人と比べて怒りの表現への支持が低いかもしれません。したがって、否定的な感情から遠ざかろうとする場合、心的・物理的など、いろいろな意味で他者と距離を置こうとすることになります。

つまり、健全なぶつかり合いで解決できる関係性の問題でも、解決されないケースがままあります。

"隠された"相手の感情まで読み解く日本人

過去30年にわたるさまざまな研究により、顔の表情、自発的な表情、複数の感情の有無や強弱から感情カテゴリーを判断する際、文化間でそれらが一致しているという十分な証拠が示されています。

つまりどの文化の中でも感情の幅、認識されている感情の類は、ほとんど変わりません。

しかし、感情の解釈は文化により異なり、感情強度の判断においても（たとえば悲しみといっても、軽い寂しさから絶望まで幅が存在する）、民族間で異なります。

アメリカ人はアジア人（特に日本人）よりも表情を強く評価しています。

しかし、この効果は外的ディスプレイ（示している感情）の評価に限られます。

逆に、内的経験（相手の感情を察する）と推定されるものを評価する場合、日本人はアメリカ人よりも高い評価を与えます。

アメリカ人は、内的経験よりも外的ディスプレイを高く評価し（感情を認識する）、日本人ははっきり表示されていない感情でも認識するわけです[14]。

つまり、アメリカ人は強度に関係なく、すべての表情に対して、内的経験に対する外的ディスプレイの評価を誇張する可能性があります。

たとえば悲しい顔を見れば、その人はものすごく悲しんでいるだろうと思うわけです。

一方、日本人は外的表示と内的経験の強弱を区別できます。その結果、外的表示に対する内的経験の推定評価が高くなるのかもしれません。

いわゆる「察する」というもので、実際には、どれくらい悲しんでいるのか、程度をもっと正確にとらえるのです。

またおもしろいのは、強い表情を判断するときです。

日本人は強い表情を見るときは、「感情を表出するのに適切な文脈であるに違いない」と解釈し、したがって、表出の強さが感情に見合っていると感じます。

逆にアメリカ人は異なる前提で行動します。暗示的で大げさに感情を表現するディスプレイ・ルールがあることを知っているため、あまりに強度の高い表現が提示された場合、おそらく相手は提示されたほど、強く感情を感じていないだろうと推測します[15]。

日本人の「察する」能力はかなり優れているが……

表情から相手の内面的な世界を、かなり正確に把握する日本人（の文化）は、素晴らしい能力を持っていると言えるでしょう。

このような研究において、心理的変数に対する文化の影響を区別化するのが、文化の役割の比重です。文化に関連する心理的次元を特定し、それらが実際にどの程度国間差を説明するかを統計的に推定することを指します。

今まで、最も重要で広く使用されている文化的次元の一つは、「個人主義」対「集団主義」として知られています。

国や文化を超えた、多くの行動の違いを説明するために使われており、存在する文化の中で最もよく知られ、よく研究され、重要な次元であるとされていることに間違いはありません。

個人主義的な文化は、個人を重視する傾向があり、独自性、自律性、個性を育みます。

集団主義的な文化は、個性よりも集団を重視し、調和、結束、協力を育みます。

個人主義的文化の人々は、集団主義的文化の人々よりも率直に感情を表現します。そのため、他人が感情を表に出さないとわかりません。

それに対して、集団主義的な文化圏の人々は、場面に応じて表情を弱めるという表示規則を認識しているため、人が実際に示している以上のことを感じていると仮定して、他人の表情をより「読み取る」可能性があることを示唆しています。

また、他のおもしろい文化的次元として、S／N比（signal noise ratio）があげられます。

つまり伝えたい感情（signal）と、その感情をわかりにくくする環境的な部分（noise）の関係です。

日本人はこのインデックスが低いことから（noiseが高い）、感情を識別しやすいと考えられます。つまり、刺激のあいまいさが大きければ、日本人はより少ない手がかりで、より意図された感情を識別できる可能性があるということです。

日本人は感情を察する能力が、優れている結果となるのです。

パントー先生の
診療室
カルテ⑤

「自分はもうダメだ」と感じてしまう

Eさんは20代の男子大学生です。

理由はわからないけれど、ずっと気が塞いでいるといいます。授業に出る意欲もなく、友人と会いたくない。

いつの間にか家で過ごし、ずっと寝ている日が増えています。なぜなら、横になる限りなんとか過ごせるからだといいます。

そのほか、買い物などの外出はもちろんのこと、日常生活に欠かせない食事、お風呂までもが億劫でならないと訴えます。

自分で自分がままならない状態が続くことで、常に「もうダメだ」と感じ、自分を責め続けているといいます。

このような耐え難い苦痛を何ヵ月も味わった挙句、「自分なんて、どうせ……」と極端なことをしようとしました。

「これ以上は看過できない」と、見かねたご両親に付き添われ、診察を受けにきたといいます。

パントー先生の
しあわせの
処方箋⑤

「何もできなくても、大丈夫！」——自分にもっと「寛容」になろう

PRESCRIPTION

Eさんは、スチューデントアパシ（学業等への意欲を失い、無気力な状態を特徴とする学生特有の精神障害）から始まったうつ病と考えられます。ですが、自らの負の感情を認められず、誰にも相談できませんでした。心に溜まった辛さは膨らみ、「これ以上できることがない」という、誤った認識に至ったのでしょう。

Eさんの治療の大部分は、心理教育となりました。

「辛い自分」「ダラダラしてしまう自分」「本業である学業に参加できない自分」でも価値があること、また、周りにそう告白しても、嫌われるわけではないと言う意識を

身につけてもらうことにしたのです。

またちょっとした苦しみでも、早めに治療しないと膨らんでしまい、大変なことになります。支援を求める大切さを知ってもらうために、病気における心の働き方を再確認しました。

具体的には、まずは「機能していない自分でも大丈夫ですか？」と、ご両親と友人に聞いてみるようにアドバイスしました。

つまり、「社会的な機能していない、効率が悪い自分、何もできない自分でも、大丈夫か」と、愛してくれている人に確かめてみるということです。

また、「もちろん大丈夫！　決まっているじゃない！　辛かったでしょう、留年しても元気になればいいじゃない！　あぁ、早く相談してくれたらよかったのに！」などの、思いやりのこもった言葉は、辛くなったときに眼を通すように伝えました。

＊＊＊

「何かを成し遂げない限り、認めてもらえない」「きちんとしていないと、価値がない」と思ってしまうと、どんどん辛くなってしまって当然です。

ですが、愛する家族、心を許せる友人などに先のような質問をされれば、「もちろん、特別なことしなくても、元気がないときもあなたのことがとても大事！　大好きよ！」と答えませんか。

質問をした相手は、それを改めて確かめることによって、とても安心できますよね。

助けを求める心理的障壁を軽減するのは、医師だけではなく、社会全体の務めです。「社会的なアイデンティティー（social identity）／役割」と、「個人的なアイデンティティー（personal identity）／固有性」にもつながる話ですが、病気になったり、基準に満たないときでも、安心して守ってくれる社会が必要です。

特に若い人は100か0かのような極端な思考に走りやすく、自尊心が脆い部分もあるため、自己開示を正しくして助けを求めなければ、極端な行動に走るリスクが著しく高まります。

機能していない自分も愛する、許す——社会全体がもっと寛容な心を育てるべきです。

自分の感情に直面することを、余儀なくされることへの不安に対処することで、いろいろな苦しみは、なくせるのではないでしょうか。

「集団主義」のコミュニケーションをとる日本

自己開示をしにくい国民性

本心から「辛い」「助けて」と伝え、自己開示しない限り、助けを求めたり支援を受けること（**援助要請行動**）は難しいものです。

援助要請行動（メンタルヘルス・ヘルプシーキング）とは、「適応的な対処過程、メンタルヘルス上の不調に対処するために、外部からの援助を得ようとする試み」と定義されています[16]。

リックウッドらは、特に若者のニーズを考慮した概念モデルを提案しました[17]。

私たちは「何か変」と気づかない限り、助けを求めることもできません。

ただ、心の不調、アンバランスは、心身の症状に表れるものだけではありません。医学的に診断できる症状でなくとも、私たちは不幸な経験として、それを味わっています。

自身の力だけでその情況をよくするのは、至難の業であることが多いため、「無理、助けて！」と周りに相談するのが極めて大事ですが、まず不調を認識し他者に伝えない限り、何も始まりません。

ある文化圏の人々は、メンタルヘルス・サービス（心理学的援助）を求めることに、特に消極的であることがわかっています。

これは、感情のコントロールが重視され、感情表現が好ましくない性格特性であるとされているアジア文化において、特に顕著です。

そのうちの一つが日本であり、**日本人は外的な感情表現だけでなく、強い感情を内的に経験することにも、不快感を抱いている可能性がある**とされています。

感情コントロールが重視される文化的価値は家族を通じて伝わり、結果として多くの家庭で自由な感情表現が抑制されています。

子どものころから「感情抑制」を要求される日本

日本では、子どもが親に対して怒りを表すと、泣くのを止められたり、罰を受けたりすることが多く見受けられます。

小さな子どもは感情に興味を示し、肯定的な感情も否定的な感情も見せたがるものですが、親の罰、承認、不承認によってこの感情表現は変化します。

その結果、子どもは強い感情の表現を抑制することを学びます。

「感情表現をコントロール（制限）するように」という、親の言葉（命令）を内面化した子どもは、自分の感情は「悪いもの」であり、避けるべきものであると学習しているわけです。

それを裏付けるように、感情表現に対する家族の態度が、子どもの感情や感情表現に対する態度に、影響を与えるという考え方を支持する研究証拠は、増える一方です。

そのような子どもたちが成長し、カウンセリングという概念に接したとき、どういう反応を示すでしょうか。

カウンセリングによって、自分が避け、抑制するように教えられてきた感情そのものを、経験することになるのではないかと、不安や恐れを抱くことは容易に想像できます。

「迷惑をかけない自分」はリスクになる

心理的苦痛もまた、心理療法、また打ち明けることに対する恐怖と関連することがわかっています。

心理的苦痛は感情に対する、否定的な態度の一因となる可能性がある——苦痛の大きい人は、否定的な感情に非常に動揺させられるため、感情を経験することを避けようとするかもしれません。

あるいは、一部の精神分析理論家は、感情の回避とその結果としての感情に対する硬直した防衛が、機能不全の行動パターンを引き起こし、苦痛につながると主張しています[18]。

この見解によると、心理的苦痛は、感情に対する閉鎖的な態度と、心理学的助けを求めることへの消極性の両方と、関連していることになります。

つまり、対抗的な説明として、感情への恐怖とメンタルヘルス・サービスを求めることへの消極性との関係は、心理的苦痛によって媒介されるということになるのです。

メンタルヘルス・サービスを受けることに関連するスティグマ（差別・偏見）は、助けを求めることに対する大きな抑止力であることが、確認されています。

それらを受けた人に対して、人々が否定的な認識を抱いていることが、研究で報告されているからです。

そのため、感情を恐れている（すなわち、自分の感情に対して閉鎖的である）人は、メンタルヘルス・サービスを求めることに消極的であることを、感情に閉鎖的な態度であると正確に帰着させるのではなく、社会的スティグマに帰着させる可能性があります。

自己感情の認識の低さと自己開示の低さもまた、リスクが伴います。

助けを求める際に妨げになる要因は、自身の負の感情の再確認、再体験に対する恐怖が関わっているからです。

また文化的な背景としては、「社会的なアイデンティティー（social identity）／役割」が、唯一の望ましいアイデンティティー（常に機能性をもつ、不調がない、迷惑をかけない自分）と考えがちな社会も、リスクになると指摘されています。

命綱となる「インフォーマル」な支援

援助要請行動の情報源には、「①フォーマルなもの」と「②インフォーマルなもの」の、主に二種類があるとされています。

①フォーマルな援助要請

メンタルヘルス・サービスなど支援を提供する、正当な役割を認められている専門家に援助を求めること。

②インフォーマルな援助要請
個人が個人的な関係を共有している情報に基づき行うもの。
個人にまつわる、人間関係のセーフティーネットともイメージできる。

インフォーマルな社会的支援者からの援助は、気軽で身近なものでもあり、ファーストチョイスとして望ましいといえます。

では、日本社会において十分なインフォーマルな支援は、あるでしょうか？

おそらくですが、不十分でしょう。

専門家などフォーマルな支援に近づきがたいのであれば、インフォマールな支援は命綱となり得ます。

それがなければ、私たちは自暴自棄になり、極端な選択に苛まれる可能性もあります。

特に若者の場合、個人的・感情的な問題を経験する際、日常生活の中で、頻繁にインターネットを利用していることもあり、フォーマルな援助源よりも、インフォーマルな援助源を利用する傾向が見られます。

援助要請行動は、スティグマや自立志向を含む、多くの障壁によって妨げられることが知られているため、オンラインヘルプ検索は、若者がこうした障壁に邪魔されることなく、メンタルヘルス上の困難に対して、助けを求めることができる新たな領域を提供するかもしれません。

質の高いメンタルヘルス情報やオンライン・リソースの利用可能性は、若者の健康状態に大きな影響を与える可能性があるのです。

「他者に頼りづらい」遠慮、我慢、迷惑文化

では、他にメンタルヘルスの問題に対して、助けを求めるリスク要因はあるのでしょうか。

先行研究では人々が専門家の助けを求めることに、消極的であることに関連する多くの要因が特定されています。

これらの要因として、自律しなければならない、迷惑をかけていけないことに対する強い信念、対人依存度の低さ、自己開示に対する消極性、苦痛を伴う否定的な態度、個人情報を隠す傾向などがあります。

ただ女性は男性よりも心理的援助を求めることに好意的であり、心理サービスをより多く利用しているとされています[19]。

千差万別のさまざまな要因があったとしても、私たちは一人で苦しんでしまうのは、リスクが大きすぎます。

ちゃんと認識して対応しないことには、致命傷になることも珍しくないでしょう。

ある研究では、メンタルヘルスにおける関連性を示唆した予測因子として、性別、年齢（45歳未満）、一人暮らし、大都市在住、症状の重症度、合併症などが指摘されています。

また、雇用形態と健康の間には正の相関があります。

つまり、安定した仕事を持っている人のほうが、助けを求めやすいのです。

雇用と家庭の役割による二重負担に覆われている人、医学的知識が低い人、自尊心の低い人、配偶者／パートナーのない人は、特に助けを求めにくいようです[20]。

男性の援助要請行動は、さらに低所得と失業によって阻まれます。

助けを求めないリスクが高いのは、特に男性です。

なぜかというと、否定的な感情や病気は女性らしさと親和性が高いように思われるため、男性は病気を男性的アイデンティティーに対する脅威として、経験するからです。

したがって、女性が痛みや感情的苦痛に関して、より良い対処戦略を取り込めることとは驚くべきことではありません。

男性は「自身の感情」と向き合いづらい

経験的データは一貫して、男性のほうが女性よりも主観的健康状態が良く、身体的、感情的、抑うつ症状が少ないことを示しています。

男性にとって、助けを求めることは、地位の喪失、コントロールと自律性の喪失、無能、依存、アイデンティティーの毀損を意味します。

その結果、男性も「セルフケア」の手段として、あるいは自分のジェンダーロールに社会的に適合した形でアイデンティティーを安定させるために、精神安定剤を拒否し、逃げ道として、アルコールを好むということになるのです。

自身の感情と向き合わない男性は、うつ病の過小診断と過小治療に落ちるリスクが高いのです。

データを見ると男性がうつ病になる頻度は女性の半分に過ぎませんが、自殺する頻度はかなり高いという逆説的な事実があります。

ここでも、性別と性役割が助けを求める行動に関与していることが、示唆されています。

さらに、伝統的な性役割の支持が強く、性役割の葛藤が大きい男子大学生は、他の男子学生よりも心理的援助を求めることに対して、否定的な態度が報告されています。

感情に対する恐怖が、メンタルヘルス・サービスを受けることに否定的な態度をとる、主な理由であると仮説されています。

遠慮、我慢、迷惑文化の背景がある日本社会において、他者に頼る必要性は教育レベルでも重要視されているでしょうか。

残念ながら、フォーマル・インフォーマルともに、十分な支援が整っていない可能性があります。

私からすると、自己感情への恐怖は開示に対する抵抗であり、心理的援助を求めることに対して消極的であることは、対策を取れば一番改善しやすい部分なのではないかと思います。

パントー先生の
診療室
カルテ⑥

理由もわからず、パニックになる。突然、涙が出てくる

MEDICAL RECORD

Hさんは、クリエイティブ業界で働く30代の会社員です。

元々このキャリアを目指しており、仕事に不満もなく、毎朝元気いっぱいで出勤していました。

ですが、1週間前、おばあさまが他界されたときから、調子が悪くなりました。

出勤中、電車でパニックとなり、息が荒くなる。血が頭に上り、周りはまるで現実ではないように見える。

心臓発作なのではないか、脳卒中なのではないかと心配になるほど、症状が激しく、

次の駅で降りて、駅員さんの助けを求めました。

それが何日も続き、なんとか立ち直って出社できた日もあれば、体調不良で帰宅をせざるを得ないときもありました。

また場所を問わず、突然涙が出てくることもありますが、理由がわからないといいます。

パントー先生の
しあわせの
処方箋⑥

PRESCRIPTION

「それは健全なエゴイズム」——心と体のサインを無視しない

会社への貢献が何より最優先されている社会において、過労のサインを自らキャッチするのは難易度が高いことといえます。

「体が悲鳴をあげている」という表現があるくらい、身体的にも相当辛くならない限り、皆さん無理してがんばっていらっしゃるのではないでしょうか。

Hさんが体験したのは、不安と過剰なストレスによる精神的な負担です。

この場合、速やかに休職しないと症状が慢性化してしまい、うつ病、不安障害など、長期にわたる、後遺症を残す障害に進展してもおかしくないと伝えました。

ただ、そこまで説明しても、休みを取るにはためらいがあるようです。

他の人の負担が増え、嫌われる。昇進できなくなる。

負い目を感じてしまう部分が、あまりに多いためでしょう。

ただ元気にならなければ、1カ月~3カ月の休職どころか、倒れてしまい、復帰できなくなる可能性のほうが高いのです。

会社としても、今、本調子ではない、集中できないHさんではなく、元気なHさんのほうを望むでしょう。

長期的かつさまざまな視点でみても、今、休んだほうが好きな仕事を長く続けられるし、社会に貢献することができると説明しました。

また、「好きな仕事なのに、なぜこんなことになってしまったのか」というのが、Hさんにとっては不可解だったようです。

この場合、電池がたとえとして、わかりやすいのではないかなと思います。

私たちは、電池だとします。

ストレージには限りがあり、それを使い尽くしたら、どれだけがんばりたいと思っても、物理的にエネルギーがないということになります。

実際に私たちは、エネルギーが尽きてしまいそうなときに、常に心と体からサインが出ているはずですが、それを無視してしまいがちです。

理由はさまざまですが、私たちの健康より、特により大きな価値があると感じたときに無理する傾向があるようです。

ただ、そもそも、その体と心がなければ、他に貢献できる機会がなくなると心からわかれば、もっと上手く、賢くエネルギーキープできるようになるはずです。

それは**怠惰ではなく、健全なエゴイズム**です。

そのエネルギーを保存することで、長期にわたって社会に貢献できると、忘れないようにしましょう。

「仕事」は人生のすべてなのか？
――組織に酔う日本人

うつ病になることで「やっと休める」

日本では近年、休職と自殺率が増加しており、労働者が精神的にも身体的にも大変な状態であることが、複数の研究者から指摘されています。

長時間の労働に伴う負担は、日本社会に過労死という大きな打撃を与えました。過労死は、海外には日本特有の職業性突然死と思われています。仕事に伴う燃え尽きとストレスが原因とされ、脳卒中や心臓発作、さらには故意の餓死があげられています。

封建時代の日本では、武士の切腹が戦いに敗れたとき、あるいは責任をとるための正当な処置と考えられていた経緯もあり、**自殺は多くの日本人にとって、自由意志による行為として「正当化」されていました**。

しかし、欧米の社会と親密になることで、うつ病など精神疾患との関係など、新たな概念で自殺を考えるようになり、「過剰労働による自殺は過労死だ」と認識されはじめたのです。

シカゴ大学とマッギル大学で研修を受けた医療人類学者で、現在、慶應義塾大学文学部人文社会学科教授の北中淳子氏（博士）は、自殺と過労の社会的な認識の変化について次のように語ります。

100年以上にわたって、自殺は個人の自由な行為で、「ロマンチックな覚悟」であったのが、多大な社会的プレッシャーや抑うつ状態から生じるという、新しい概念の登場でその認識は一変しました。

ロマンチックあるいは理想主義的な考え方から、広範な社会的医療化に繋がる問題

としてシフトされたのです。

では、日本の労働者は他の国と比較して、本当により過労死が多いのでしょうか？

メランコリー親和型（秩序に対するこだわり、ルールに忠実性をもち、献身的な人、真面目で責任感がかなり強い）性格のうつ病の患者さんの多くが、仕事に熱心で、几帳面、徹底的、正直、時間を守る、正義感、義務感、責任感の強い、社会適応力のある、いわゆる「模範的」な社員であることは、かなり前より指摘されてきました。

他人から賞賛され、信頼できると思われがちな人ですが、強い責任感の裏に大きな苦悩が潜んでいるといえます。

日本社会が模範社員のような「理想的」な人物像を追いかけ、「模範的」な社員を作り、結局メランコリー親和型性格を持つ人たちを「生み出している」のではないかと、北中淳子氏は指摘しています。

過労、残業があたりまえな社会においては、職場は「すべての存在」を占めているとも言えます。

このような社会的な責任を課された人々は、しばしば、過剰な責任感、完璧主義、社会的圧力の持続を必要とする仕事の成功によって、自分自身の存在意義を定義します。

最終的には、このような「モデル」―社員の鎧《よろい》にひびが入り、仕事への期待に応えられずに、うつ病になってしまうケースは少なくありません。

北中淳子氏は、うつ病患者の多くは自分を追い詰めている社会的な関わりや義務からの逃避として、うつ病に肯定的な意味を見出そうとしていることを示唆しています。

つまり、**うつ病になることで「やっと休める」**。

日本人はここまで追い詰められていることを、切迫した社会問題として認めざるを得ないでしょう。

職場と過労に誘発される心理不調

欧米の労働者も多くは長時間労働をしていますし、期待以上の働きをすることで賞賛されることももちろんあります。

では、なぜ過労死の危険性が日本ほど高くないのでしょうか。

一つは過大な責任を負わされることが少ない、というより過大な責任を負いそうになったときに、どうせ抱えきれないとすぐに認識し、不満があっても心に溜め込まず、表現することが多いことがあげられます。

また、終身雇用で会社に縛られることが多い日本の労働者とは異なり、過度なプレッシャーがかかったら仕事を変えることができます。

この点については、日本においても以前より転職の柔軟性が、見られるようになってきています。

日本のような長時間労働は、心を蝕みます。

ある程度規制は設けられても、職場と過労に誘発されている抑うつ状態と不安障害のケースを考えると、まだこの根深い社会的な問題は消えていないでしょう。

「理由もなく、泣き出す」

「ずっとイライラしている」
「疲弊感が消えない」
「休みのときも休めない」
「出勤中の電車で不安が募る」
「朝起きる瞬間、希望を感じない」
「職場の同期や上司と話さないといけないと考えると、落ち着かない」

などは、仕事がすべての生活を侵食している可能性を語っています。

有給休暇はあって、ないもの？

日本では長時間労働のほかにも、有給休暇を取りづらく、取ることに対して罪悪感を感じる人が、多いのではないでしょうか。

一方、欧米人は有給休暇を取ってあたりまえで、罪悪感を感じる人は皆無といえます。

取得しなかった有給休暇は、労働者が事実上雇用主に寄付したお金であり、本人の経済的損失はもちろん、実は健康にも大きな悪影響があります。

米・オレゴン州ポートランド州立大学の産業・組織心理学准教授であるシャーロット・フリッツ博士は、休暇を使わないことにつながる精神的・身体的な被害について、以下のように解説します。

常に働き、休みがないというパラダイムは問題で、労働時間が長くなったり、実際に仕事から離れたと感じることがなかったりすると、心身の健康を害する可能性が濃厚となります。

日本は集団主義的な要素が残存しており、階層的な社会といえます。

社員一人ひとりが同僚のために貢献していて、有給休暇を取ると自分の役割を放棄しているようにも、感じてしまいます。

一方、欧米社会は個人主義の要素が強く、階層的ではありません。

そのため、個人の目標のために、同僚に負担をかけていると考える人はほとんどいません。

これは〈役割の違い〉に起因していると、筆者は考えています。

日本の役割分担は高度に専門化されており、Aさんがいなくなると、Aさんの代わりに勤務を補える人は少ないかほとんどいません。

一方、休暇と休みを頻繁に取る欧米の職場においては、役割は柔軟性があり「よろず屋社員」が一般的です。

欧米のように、「予備のスペアを持つ」という発想は、「休みが取れない」「休みを取ることに罪悪感を感じる」という感情を、覆す手の一つになるかもしれません。

また、仕事から離れることの利点は、一日程度、あるいは勤務中の短い休みにも当てはまります。

前述のフリッツ博士は以下のように説明します。

長期休暇は健康維持に役立ちますが、一年に1回休めばいいというものではない。夕方や週末に休みを取ることが必要なのです。

つまり、仕事から離れる時間（短時間、中時間、長時間）は、健康維持に不可欠であり、一年のうちで複数の長期間休暇、一週間における休み、一日における休憩時間、オフ時間は、交互に相殺できるものではなく、どれも取得できる環境が肝心となるといえます。

パントー先生の
診療室
カルテ⑦

「親の望み」を叶えられない自分は、認めてもらえない？

Iさんは、引きこもり傾向になっている20代の学生です。

大学に通いはじめて半年ほど経ったころ、徐々に自分の殻に閉じこもるようになり、授業の出席やおでかけの機会も減るようになったといいます。

ご両親と一緒に住んでいますが、最近はほとんど口をきかず、食事中でもひと言程度しか話さないことが多いとのこと。

「もしかして、発達障害なのでは」という理由で来院しましたが、コミュニケーションをとるのは人よりうまいぐらいです。

MEDICAL RECORD

実はIさんは、ご両親の望みである医学部入学を志しましたが、3年浪人しても叶わず、自身が一番興味のあった言語学を専攻することになり、それからご両親との関係は悪化する一方になったといいます。

今では、せっかく好きな分野を専攻しているのに、勉強するどころか、そもそも日常生活を送る意欲さえなくなってしまいました。

パントー先生の
しあわせの
処方箋⑦

PRESCRIPTION

「親（他人）の承認がなくてもいい」——自分の内側から自信をつくる

Iさんは好きな言語学を学べて嬉しいはずなのに、ご両親の反応で後ろめたさを感じています。

ご両親を喜ばせたい一心で三浪までしたにもかかわらず、無言の反対はどんなに辛いことでしょうか。

この場合、はっきり言ってご両親の態度に、あきらかに問題があります。

そもそも子どもの未来に、自分の描いた理想を押し付けることが、育児における御法度に当たります。

ある程度、親の希望を口にするのはかまいません。しかし、子どもの自尊心を根こそぎ奪うような態度（や発言）は、やりすぎです。

しかしながら、親といえども相手を変えることは、ほぼ不可能です。

この場合、Ｉさんはご両親の承認がなくても、自信を持てる自分を構築しなければなりません。

その意味では、医学部に入学できなかったのは、逆に幸運だったと解釈できるでしょう。好きでもないのに、心身ともに消耗する職業に携わるのは、本人だけではなく、社会のためにもなりません。

親戚、好きな人、友人の承認が欲しくなるのは人として自然です。

ただ、その承認を追いかけすぎることで、あきらかに生活の基準が下がるとしたら、一歩引いて、その**承認がなくても堂々生きられるように、自分を作り直す必要があります**。

認められるまでがんばるという気持ちもわかりますが、そうするとそれを追いかける途中でいつの間にか、自分のしあわせの羅針盤を失うようになってしまうからです。

「ありのまま」を愛しているか

条件付きの愛と無条件の愛

「無条件の愛」という言葉は、歌や映画など至るところで見たり聞いたりしますが、実際の人間関係ではどのような意味を持つのでしょうか？

「無条件の愛」といわれると、きれいごとに聞こえるかもしれません。

しかし、承認欲求をある程度満たさないと生きられない人間にとっては、純粋なニーズといえます。

まずは、条件付きの愛と無条件の愛とはどういうものなのか、理解するところから始めましょう。

▼条件付きの愛

あなたの他人に対する愛、あるいは他人のあなたに対する愛が、特定の行動や物事が進行することを、条件としていることを意味します。

〈条件付きの愛でよく使われるフレーズ〉

「（もし）プロム（プロムナード＝ダンスパーティー）に連れて行ってくれたらデートする」

「（もし）この指輪を買ってくれたら、あなたを愛します」

「（もし）あなたがその仕事を引き受けなければ、私はあなたと一緒にいます」

▼無条件の愛

条件がなく、誰かが何をしても、相手はいつもその人を愛しています。

これは、簡単なことではありませんが、常に支え、理解し、思いやる気持ちをもっています。

〈無条件の愛でよく使われるフレーズ〉
「何があってもあなたを愛しています」
「一緒に解決する方法を見つけよう」
「たとえあなたの決断に賛成できなくても、私はあなたを応援します」

条件付きの愛と無条件の愛の違いは、何があっても常に愛せるかどうか、あるいは何かをしてもしなくても愛せるかどうかです。

条件付きの愛では、安定と信頼の欠如を感じることが多いものです。
（もし）という言葉を見てください。
これこそ、条件付きの関係を示す明確な指標です。
これらはすべて、相手があることをした場合、あるいはしない場合に限り、関係を結ぶ、愛を示す、あるいは関係を維持すると言っているのです。

これらのフレーズは、ある種のストレスになるのではないでしょうか？

相手はおそらく、二つの選択肢の間に閉じ込められていると感じています。

さらに言えば、自分という人間ではなく、自分の行動によってしか愛されないような気がしているのではないでしょうか？

それは本当に愛といえるのでしょうか？

さらに、愛を受け続けるために、自分が何者であるか、何をするかということを、誰かに合わせて、型にはめ続けなければならないと感じるかもしれません。

一方、無条件の愛には、受容と安心感があります。

無条件の愛を経験した人は、その関係に安心感を覚えます。

たとえ苦労したり道を踏み外したりしても、いつでも安全な拠り所があることに、安らぎを感じることができるのです。

結局のところ、無条件の愛はすべての人間関係に最適なものなのです。

"if"や"but"では「無条件の愛」は得られない

理想の関係を考えるとき、無条件の関係はまさに#goalsの典型かもしれません。「愛しているのは……」「もし……」「愛しているけど……」これらの文の共通点は何でしょうか？

その言葉が示すように、"if"や"but"では無条件の愛は得られません。

では、無条件の愛の背後にある心理とは、何でしょうか？

もしあなたが誰かを無条件に愛しているなら、それは愛が揺るがないことを意味します。

だから、あなたの恋人が間違いを犯したり、あなたを失望させたりしても、あなたはまだその人を愛しているといえます。

考えてみてください——失敗した相手を裁いたり、許しを得ずに恨んだり、見返りを期待してプレゼントを贈ったりしたことが、何度ありますか？

それらはすべて条件付きの愛の例です。

無条件の愛は、パートナーが特定の行動をしたり、特定のことを言ったり、特定のことをしてくれることに依存しません。

そして結局のところ、この特別な種類の愛は、誰かと目を合わせたり、最初のイチャイチャしたやりとりをしたとたんに、芽生えるものではありません。

というのも、相手の欠点を受け入れ、同じように愛することができるようになるには、複雑な問題があるからです。

しあわせだけでなく、不安も軽くする

無条件の愛は、親と子の関係を表す言葉としてもよく使われます。

門限を破ったり、口答えをしたり、飲酒が発覚したり、親を失望させたりしても、親は何があっても子どもを愛し続けることが求められます。

子どもに失望したり、動揺したり、腹を立てたりしても、それでも深く愛すること

が可能だということを、子どもに示すのも親の仕事の一部なのです。

UCLAで2013年に行われた研究によると、親からの無条件の愛は、子どもをしあわせにするだけでなく、不安も少なくします。

逆に、無条件の愛が最も少なかった子どもは、ストレス、コレステロール、血圧など、多くの健康リスクにおいて高い数値を示しました。

科学者たちは、親の温かさと愛情は、小児期のストレスの有害な影響から子どもたちを守ることができると結論づけたのです。

チリの作家イサベル・アジェンデはかつて、無条件の愛とは、木を受け入れるように、誰かを受け入れることだと指摘しました。

「木が変わることを期待せず、ありのままを愛するのです」と彼女は書いています。

あきらかに、そのような愛を見つけ、育むことは必ずしも簡単なことではありません。

しかし、その道のりは十分に価値のあるものです。

ひとたびそれを手に入れれば、パートナーの献身を失うかもしれないという不安を抱くことなく、最もありのままの自分でいられるのですから。

　あなたが「運命の人」を見つけることができたかどうかは別として、少なくとも、イボイボも何もかも含めて、あなたを無制限に愛してくれる人を見つけることができたといえるのですから。

パントー先生の
診療室
カルテ⑧

MEDICAL RECORD

私はこれから、何をして生きていけばいいの？

Fさんは50歳の専業主婦の方です。

二人の子どもが大学生になり、やっと手が離れました。

その一方で、20年にわたり続いたてんてこ舞いの育児生活が、急に終わったことで、心にぽっかり穴が開いたような感覚に陥ったのです。

夫は仕事で忙しく、家に1人でいる日々が続く中、気分が落ち込むことが増えました。

とうとう、家事、料理、たまの夫との会話すら、楽しいと感じることができなくなってしまったのです。

育児が終わった今、自分の役割を見出せないままでいます。

生きがいもなくなり、今後の人生を考えると、不安や孤独しかないと思うようになり、パニックになる日が続いているため、受診することにしたといいます。

パントー先生の
しあわせの
処方箋⑧

「役割が変わっただけ」——自分の別の側面に気づこう

PRESCRIPTION

Ｆさんは医学用語で言うと、「空の巣症候群」の状態にあるといえるでしょう。空の巣症候群とは、子どもの自立につれて自身の役割が喪失した女性によく見られる現象で、女性のミッドライフ・クライシス（ｐ１２３）の一つの形と言えます。

問題の核は、Ｆさんは今までこなした役割以外の自分を想像できない、体験したことがないところに、潜んでいると思われます。

優れた選手でも、選手でなくなるときには、「ロス」が大きいものです。不可抗力で、得意なもの、生きがいを感じるものがなくなってしまったとき、喪失体験が生じます。

ですから、悲しむことは不思議ではなく、自然なことです。

ただ一方で、生活のすべてが巻き込まれてしまっていることについては、なんらかの対処をしなくてはなりません。

私たちはなんらかの喪失感を覚えたとき、「自分はこれだけできたのに、それを失った今、何も残らないのでは⁉」と思い詰めてしまいがちです。

この場合、アイデンティティーの違い（p37）で考えることが有効です。

まず大前提として、Fさんは人間として素晴らしい人です（「個人的なアイデンティティー（personal identity）／固有性」）。

そのうえで、優れた母でもあります（「社会的なアイデンティティー（social identity）／役割」）。

それが今までは大きなウエイトを占めていましたが、育児の役割が終わったとしても、別の役割を担う母となれます（たとえば子どもの相談役、別の形のサポート役）。

また母という「社会的なアイデンティティー（social identity）／役割」以外でも、ほかにもいろいろなアイデンティティーをもっています。

「自分には、何もない！」という、誤った認識をまず訂正し、ご自身の別の側面（アイデンティティー）に気づいていただくようにしました。

結果、Ｆさんはずっと勉強したかったイラストの描き方を勉強するようになり、また子どもと素直に話し、定期的に電話をしたり、会うことになり、少しずつ自信を取り戻したのです。

ミッドライフ・クライシスとは

病気や死の意識が高まる50代

ミッドライフ・クライシス（mid-life crisis＝中年の危機）は、1965年にエリオット・ジャックスによって定義されました。中年期特有の心理的危機、また、強い抑うつ感、自責の念、強い不安感などのことを指します。

男性で3～10年、女性で2～5年ほど続き、中年の15％がこのような危機を経験しているといわれています。

ちなみに、日々のストレス要因が単に積み重なることも、危機と思われがちですが、この場合は、実際は単なる心理的な「過負荷」のケースが多いようです。

ミッドライフ・クライシスは、具体的に何かに惹起されるのでしょうか。

一般的に、愛する人との死別やキャリアの挫折など、このデリケートな時期に挫折を感じさせる、大きなライフイベントを経験するときに起こりやすいとされています。50代以降は、病気や死の意識が高まることもあり、自身の中年期以降の輝かしいライフイベントが少なくなるだろうという思い込み、また通常は否定的な意味で解釈するセルフイメージが、潜在的にストレスになることも多いようです。

「これから若さは徐々に消えて、手に入れることはもうないだろう」

このような前提で生きてくださいと言われたら、誰しも悲観的になるというものです。

また、純粋なストレス要因より、その人にまつわる教育レベル、経済力などが、より影響するとされています。

ある研究[21]では、日本やインドの文化では、人々がミッドライフ・クライシスに陥るという証拠はほとんどないとされており、にもかかわらず、日本でFさんのような悩みを抱える人が多いのは、ミッドライフ・クライシスが主に文化的な構成要素であるのかという疑問が提起されています。

どうやら、歳をとって老人とみなされるようになるまでの経験は、それぞれの文化で大きく異なるようです。確かに「危機」を感じさせるストレス要因は、ある社会で何が重要視されているかによって、大分異なるでしょう。

男性と女性で違いはあるのか？

男性と女性がミッドライフ・クライシスに陥る理由には違いがありますが、それに伴う感情の揺さぶりは同じものです。

男性は、仕事の問題によって、ミッドライフ・クライシスが引き起こされることが多く、特に経済的に裕福ではない男性は、社会のサポート不足に苦しんでいることも判明しています。

家族主義的な国では、子どものいない人が孤立しやすいことも知られています。経済力に自信のない男性は結婚相手の候補とされず、その結果、孤独となり精神を蝕んでしまう。

家族を持ちたいけれど結婚相手がおらず、子どもを持ちたいけど経済力がない。このような青年たちが中年期になれば、ミッドライフ・クライシスに陥ることは不思議ではありません。

女性のミッドライフ・クライシスは、妊娠・出産・育児など自分の役割に対する個人的評価によって、引き起こされるケースが多いことが示唆されています。

特に、女性のこの時期は、ちょうど更年期障害の時期とも重なります。

更年期にはさまざまな要因がありますが、妊娠と母性から定義される女性性の場合、子どものいない女性にとっては、「子どもを産めなかったあなたは、価値がない」と言わんばかりのもの言いは、正当な自己実現を選んだ女性の自己感を責めることになります。

一方、中年期をネガティブなものとして捉える反面、実際には少なくない人が、この時期をポジティブなものとして経験していることも、多くの研究であきらかにされています。

ミッドライフ・クライシスは、確かに危機かもしれません。

ただ、それは成長と目標への前進の機会にもなり人生に前向きな変化をもたらすこともまた、できるのです。

パントー先生の
診療室
カルテ⑨

「望んだものは、すべて手に入れたはずなのになぜ？」

MEDICAL RECORD

Gさんは50代のサラリーマンです。

今まで会社と家族に対する思いいっぱいでがんばり、順調に昇進を重ね、家族と仲良く過ごしてきました。

それが、いつしか、朝目が覚めたら、会社に行けなくなりました。

理由について心当たりは一つもなく、単純に体が重い、動けない。頭痛と熱感があって、体がだるい。歩いてみると目眩がする。

数日様子を見ても改善がないため、内科を受診されました。

ところが、いくつかの検査を受けても特に身体的に異常がないと言われ、心療内科をすすめられたのです。

Ｇさんは、自分がまさか心療内科を受診すると思っておらず、そもそもこの不調は心が原因とも思っていません。

ですが、症状が続き、会社と奥さんのすすめもあり、やっと受診することになったのです。

パントー先生の
しあわせの
処方箋⑨

PRESCRIPTION

「自分には、これもある」——新しい自分を見つけよう

Gさんは心療内科など（心の病気）に対して、先入観がかなりあるようですが、心療内科に限らず、不調がある時点で来院するのは大切なことです。

まずは安心してもらうため、Gさんに対し「患者さん（＝必ずしも、心に不調がある）とは思っていない」と、何回も声がけをしました。

またうまくいかないこと、体の不調について語っていただくように促しました。

Gさんは、ミッドライフ・クライシスの可能性があったため、まず会社の自分の人生における立ち位置を語ってもらいました。

お話ししていただいた内容から、Gさんにとって最後に成し遂げた昇進は、逆にマ

イナスの変換点になったと判断しました。意外でしょうか？

Gさんは、今まで昇進を成し遂げるために、人生のすべてを捧げてきたといっても、過言ではありません。

ただ、それを得られたことで、「ええ！　いつの間にかこんな年齢になってしまった。これまでの人生の選択は、本当にこれでよかったのだろうか？」――と、突然、人生のすべてを捧げても良いと思った昇進、責任のある立場の獲得が大したことに見えなくなり、未練の種が心にまかれてしまったのです。

いつの間にか、歳をとったな、体力を失ったなと思うことも多くなり、今まで過ごした環境にいても、いてもたってもいられない状況に陥ってしまいました。

頭をあげてみるといつの間にか老けた自分がいて、仲は大変いいけれど、もっと奥さんとゆっくり過ごしてもよかったのではなど、未練と後悔の連鎖を覚えたのです。

これは前述のFさんにもいえることですが、「社会的なアイデンティティー（social identity）／役割」と「個人的なアイデンティティー（personal identity）／固有性」を混同している部分が大きいと思われます。

Gさんは、まず、ご自身の内面を徐々に打ち明けて、心の苦しみと向き合うことで、身体的な症状が和らぎました。

心の苦しみと向き合いたくないとき、私たちは身体でその苦痛を表すからです。苦しみを抑圧すれば消えるだろうと言う無意識的な欲求が働きますが、結局身体の症状がずっと治らない状態になり、長期間で言うと正しい対策とはいえません。

次に、心の苦しみを軽くするために、Fさんと同じくGさんにも、新しい自分・しあわせな自分を見つけ出す作業が必要だと説明しました。

会社以外での満足が不可欠だろうと推測できたため、配置転換なども選択肢としてありうるのではと話しました。責任の少ない場所に移動すれば、私生活にもっと視野を広げられるからです。

Gさんは配置転換をしてもらい、業務量が激減したことで、プライベートの自分も満喫し、ジムに通うようになり、体に対する自信を少し取り戻しました。

まだ少し、自分が努力の末に手に入れて、結果手放すことになってしまったものに未練が残っている部分もあるものの、それ以上に日々の楽しさを再び感じるようになり、物事をポジティブに考えるようになったのです。

Fさん、Gさんいずれのケースにおいても、「社会的なアイデンティティー（social identity）／役割」と「個人的なアイデンティティー（personal identity）／固有性」を混同する恐ろしさがわかるでしょう。特に、この課題に向き合わないまま中年になると、クライシスが生じる可能性があります。

Fさんのように役割の喪失、Gさんのように役割の獲得、どちらにおいても「結局自分は何者なのか?」と言う問いかけに、苛まれるリスクがあります。

それを避けるためには、複数の役割を育てることが大事なのではないかと思います。

「自分はこれができなければ、これがある」

そうすることで、不均等にリソースを配分するリスクも少なくなり、たとえば身体能力（運動など）とキャリア、またプライベートなどにいくつもの役割を獲得できるため、自信が剥奪されてしまうリスクも低くなるのです。

日本人にとって苦痛な「役割」の消失

日本のミッドライフ・クライシスの特徴

1998年以降、働き盛りの中高年の社会人が自ら死を選ぶ傾向が強まっています。2006年に設置された自殺対策基本法は、その社会的な問題を解決するために制定されました。

高橋祥友によると、不況と経済的な停滞によるものだけではなく、中年期は、特に自殺のリスクが高いと思われるといいます。

また、内閣府で実施されている定期的な調査によると、悩みと不安を感じている人は6割を超え、中でも40～50代が最も不安が強いとされています。

エリクソンEHによると、中年期は思春期と同じく、人間の心理的な発達過程に基づいており、衰える体と自己実現の危機は、「生殖性対停滞」「完全性対絶望と嫌悪」といった葛藤を生じさせるといいます[22]。

心身の変化と周囲の変化

岡本祐子は、日本人の41～56歳（中年期）の男女22人を対象に、面接調査を行いました。その考察によれば、日本人の中年期にはアイデンティティーの再構築（クライシス）が生じるといいます。

このアイデンティティーの再構築（クライシス）の第1部分は、自分の身体や体力の衰え、「自分はもう若くない」といった認識や老いと死への恐怖からなるといいます。第2部分は、以降の人生に対する否定的認識「自分はこれで良かったのか」「本当の自分は何なのか」といった、問い直しが起きるといいます。その答え次第で、自認した「社会的なアイデンティティー（social identity）／役割」の再構築、もしくは心理的な危機が生じ得るのです。

また、岡本は「成人期におけるアイデンティティーのらせん式発達モデル」を提唱しました。

中年期のアイデンティティーの危機においては、以下の二つが順番に起きます。

まず、中年前期に「体が思うように見えない、動かない」といった「心身の変化の認識」が生起し、中年後期（定年退職期）に、自分の居場所が無くなったといった「自己内外の変化の認識」が起こります。

ここで、老化プロセスを認め、自身の「社会的な役割」が消失すれば、ミッドライフ・クライシスは成立してしまいます。**「役割の消失」ほど、日本人にとって苦痛なものはない**からです。

ミッドライフ・クライシスとアイデンティティーの共通点

松尾洋平と渡辺三枝子の研究では、「現代の中年職業人に、重篤な不適応を引き起こす心理的危機が存在する」と提唱し、「環境要因からくる不安感が、ミッドライフ・クライシスを高めている」ともいいます[23]。

彼らの調査の結果によると、日本人のミッドライフ・クライシスは神経症や社会的機能不全などを背景にした、心理的な不適応に伴うといいます。

50歳代の場合、病気などに罹患して、非常に強く身体の衰えを自覚した場合、精神的に不健康な状態が生起する可能性があるということを示しています。

この場合、「身体的限界感」「心理的限界感」といった要因だけではなく、「社会不安」「職場不安」「家計不安」「家庭不安」なども大きな要因となります。

（※ただし、彼らの調査対象は40歳前後～60歳までの中年男性に限定されており、女性に関わる問題、育児経験や家庭での役割は検討されていません）

この研究の興味深い結果のひとつに、40歳代の男性の場合、職場と家計の不安はミッドライフ・クライシスを生起させるが、家庭の不安はそうでもないということがあげられます。

こういった結果から松尾氏と渡辺氏が推測したのは、40歳代の日本人の男性には仕事の領域とプライベートの領域に、分離が生じているのではないかということです。

「それぞれ別の役割を演じていることを、示唆している」

「仕事に関わる不安は自分の同一性を危うくするものの、家庭での問題は自分の同一性には深く関わらないため、限界感を生起させない」

これは、筆者がすでに述べてきた、日本人特有の「社会的アイデンティティー（social identity）／役割」と「個人的アイデンティティー（personal identity）／固有性」の意識的な切り替えと矛盾しない結果です。この意識的な切り替えは、中年期の日本人にとって、ストレスの原因になり得るでしょう。

つまり、日本人のミッドライフ・クライシスは、「社会的アイデンティティー（social identity）／役割」に侵食された、「個人的アイデンティティー（personal identity）／固有性」の危機と一致する可能性があります。

また、世の中に対する漠然とした不安感は、一見、個人個人が心配する規模のものではないが、「見通しの立たない世の中」にいること自体、ミッドライフ・クライシスの遠因として解釈できるといいます（松尾氏、渡辺氏）。

50歳代の参加者（特に管理職の人）に、生活領域で感じる身近な不安ではなく、社会全体の構造に対する不安こそが、精神的不健康の要因だというおもしろい現象が確認されました。

なぜ50歳代の管理職の一部は、社会の身通しが立たないことで、心理的に憂いを感じているのでしょうか。これこそ、日本社会特有のミッドライフ・クライシスを把握するための、大事な所見でしょう。

確実なのは、本人の日常生活の問題と同様に、社会全体に対する不安がミッドライフ・クライシスの大きな要因となるということです。

パントー先生の

診療室

カルテ⑩

「もしかしたら、発達障害？」

職場の人たちと話が噛み合わず、ずっと周りに溶け込めないと悩んでいるAさん。

家族や少ない友人からは、「話し方が独特で、なおかつ難解だ」と、よく言われてしまうと訴えます。

このごろはちょっとした仕事のミスも多くなり、気に病んでいたところ、たまたまネットで発達障害のことを目にしたといいます。

「もしかしたら、自分は大人の発達障害ではないか――？」と思い当たり、心療内科にいらっしゃいました。

MEDICAL RECORD

気になるあまり、検査を受けたものの、その結果からは、コミュニケーションの理解、注意障害など認められず、むしろ、「人よりＩＱが高い」と判明しました。

発達障害でないとするならば、Ａさんの悩みの原因は、いったいどこにあるのでしょうか――？

パントー先生の
しあわせの
処方箋⑩

「病気ではないか」――そう思い詰める前に、知っておきたいこと

Aさんは、「変わっている」「周りと違う」というコンプレックスを抱いて、周りと違うから、「病気なのでは？」という、思い込みに走っている可能性があります。

病気ではないのに、ある現象、特徴が文化の基準によって病的と定められた結果、「病気だ」と本人が苦しんでしまうことがあります。

もちろん検査を受けて、確かめるのは悪いことではありませんが、自分は「劣っている」「間違っている」とずっと抱え込むのは、人生の幸福度を下げてしまうでしょう。

周りに溶け込めないときでも、まず、他人の評価や社会の評価に苦しんでいるのか、それとも、実際に日常生活に支障が出ているのか、一旦落ち着いて考えてみましょう。

Aさんは、ミスをよく犯すといいますが、その理由は発達障害ではなく、心配のあまり気分が塞がり、注意力が低下してしまっているものと思われます。

幸福の基準は普遍的な部分もありながら、国、文化によって決められる側面もあります。

「発達障害などの、病気ではないか」「劣っている」「間違っている」などと思い詰めてしまう前に、まずは、「自分は必ずしも間違っていない。ただその文化に求められているものが備わっていないだけ」と思いましょう。

自分の個性の価値を信じ、そのうえで妥協点を探していきましょう。

日本は「発達障害」が多い国？

あいまいになりがちな「心の不調」の診断

いわゆる「心の不調」――筆者の言葉で言えば「心のアンバランス」を解明するのが難しい側面の一つとして、ほとんどの精神疾患が、検証するためのゴールドスタンダードがないことが挙げられます。

たとえば、血糖値が高ければ糖尿病を診断できます。

つまり血糖値は、生物学的なマーカーといえますが、心の不調には生物学的なマーカーがありません。

そうすると、測定はどうしても〝あいまい〟なものとなってしまいます。

また、おもしろいことに、精神症状の表現（言語構造や妄想の内容など）、感情の独特の意味も、住む環境によって異なります。

人の文化的背景が、病気体験のあらゆる側面を彩る根拠がたくさんあるわけです。

もちろん、精神科や心療内科においても、「ある病的な現象を客観的に解説し、診断基準を提供する」というツールが存在します。

ただ、それらのツールを用いて、観察とデータに基づいて、できるだけ客観性を担保したとしても、十分に文化の比重を考慮されていないのではないかという声が、近年上がっています。


たとえば、うつ病の場合の気分の落ち込み、不安障害の場合の頻脈など、普遍的な特徴があっても、病態を正しく把握し、患者さんにケアを施すためには、患者さんの文化的背景や社会的な文脈への曝露を、考慮することが重要といわれます[24]。

つまり、心の病気は「文化によって変わらない部分（＝いわゆる普遍的なもの）」

と「文化によって変わる部分」から、構成されるといえます。

結局、正常か病気か最終的な判断は、臨床的な解釈に任されるというわけです。

最近の医学研究では、客観性と再現性を謳っても、評価に対する判断は不確実で、研究間、国によって一貫性がないとされています[25]。

また、多動性注意欠陥障害（ＡＤＨＤ）の有病率は、大陸間で大きく異なることが報告された研究結果もあります[26]。

最近日本にも大人の発達障害を心配した、患者さんの来院が急増しています。

ただ、実のところ、検査をしても、まったく病的な側面を持っていない健全な方とわかることが多いのです。

どうして国々の間で、有病率の差が認められるのかといえば、使用された測定尺度、方法、病気の定義の違いに起因しているのではないかと推定されます。

米国で行われた、人口ベースの研究におけるＡＤＨＤの割合は、１％未満から約20％まで変動していると判明しました。

このように、同じ文化圏であっても、臨床医の間で診断のコンセンサスを得ることは難しく、また、異なる診断基準、ツールを使用する疫学研究間で診断率の一貫性を保つことは困難なのです。

文化的抑圧で「許容範囲」が狭くなる

また、それぞれの文化では、病的とみなされるものの閾値も異なります。発達障害の一種であるＡＤＨＤ症候群（多動性、注意散漫、衝動性）で、その閾値はどれほど重みを持つか大事な一例とみなされます。

たとえば、子どものＡＤＨＤ症候群は、他の国（たとえば、米国）と比べてタイと香港は、２倍ほど高いと報告されています。

東洋（中国、韓国、日本など）の社会は集団主義、あるいは少なくとも集団主義の名残の上に成り立っている文化が存在し、攻撃性、怒り、強い感情や表立った行動を抑制する傾向があります（p80）。

このような文化的抑圧により、たとえば未成年の患者の保護者は衝動性、多動行動に対する閾値（または許容範囲）が低くなります。

結果として、西洋の場合には大目に見られるような、小さな多動行動や破壊行動でも問題視されてしまい、医師に報告する可能性も高くなると考えられるのです。

この許容範囲の低さがあるからこそ、アジアの国々の発達障害の有病率が高くなっている可能性は考慮しなければならないでしょう。

これは、閾値効果（threshold effect）とされています。

ある文化に限定される病気＝文化依存症候群

ある文化に限定されている病気を、文化依存症候群といいます。

日本の場合は、対人恐怖症がそれに当てはまります（このごろは韓国でも見受けられるようです）。

ただ、引きこもりや著者が提唱した「建前中毒」など、正式には認識されていない現象（病気）もまた、たくさん存在します。

もちろん、文化依存症候群は日本だけの話ではありません。

イタリアでは、マモーニ（mammoni）の増加が社会現象となっています。

これは、イタリア語で「ママっ子」を意味するマンモーネ（mammone）の複数形であり、従来は30歳以上になっても親元で暮らす独身男性たちを指していましたが、最近では女性にも多くなっています。

イタリアは家族の結びつきが強く、子どもたちは結婚するまで親元で暮らすのは珍しいことではありませんが、マモーニはその極端な形態と言ってもいいでしょう。

彼らは立派な大人であるにもかかわらず、掃除・洗濯・食事といった身のまわりのことを母親に世話してもらいます。

しばしばイタリアでジョークやコメディの題材にされているものの、イタリアの文化として許容されています。

ただ、一般的に若者は18歳に巣立ちする他の先進国から見ると、特異に見えることでしょう。

幽霊病もかなり興味深いです。

北米の伝統的なナバホ族、マスコギー族などの先住民族や平原インディアン文化の一部、およびポリネシアの人々の間で広がる一つの迷信と定義できますが、死者に取り憑かれたり食べられたりした人は、幽霊病にかかると信じられています。

全身の衰弱、食欲不振、息苦しさ、繰り返し見る悪夢、恐怖感の蔓延などが症状としてあげられ、魔術に起因するとされていることも多いようです。

また、以前は、文化的背景を持つ文化依存症候群は、その国や地域でのみ発生すると考えられていました。

しかし、近年は人の移動が激しく、また、移民が新しい国に移っても自分の文化にとどまる傾向があるため、文化依存症候群は生まれた場所以外に、世界の他の地域でも観測されるようになってきています。

たとえば、ヒスパニック系住民によく知られている、神経症様障害（ataque de nervios）。

研究では、神経症様障害と診断された、ドミニカ人およびプエルトリコ人の患者の36%が、パニック障害の基準も満たしていましたが、パニック障害の症状は必ずしも神経症様障害と一緒に見られませんでした。

パントー先生の
診療室
カルテ⑪

「何をやってもどうせ、うまくいかないし」

英語ができないコンプレックスを、抱いている大学生のBさん。

留学したいけれど、「どうせ、うまくいくはずがない」と思い、奨学金の応募をあきらめてしまいました。

その後、気分が落ち込んでしまって、大学の勉強もできなくなってしまったといいます。

どれだけ集中して、勉強しても頭に入らず、暗記もできません。

さらには過去の失敗体験、外国人観光客と接した際に英語が思うように伝わらず、ぎこちなく、居心地が悪かったことまでしばしば思い出し、「だから、自分はダメなんだ」と、ずっと苛まれているといいます。

ますます自信を失うこととなり、受診に来られました。

パントー先生の
しあわせの
処方箋⑪

「日本人だから……」――文化的なアイデンティティーの根深さとは？

PRESCRIPTION

Bさんは、日本人の典型的な先入観を自分自身で吸収しています。

これは、心理学では「内在化」といわれます。

内在化、つまり自分の中に先入観を抱いているからこそ、恐れている結果がそのまま現れています。

英語ができない理由は、ずっとできないと心配しているからです。

勉強のときに、頭の隅っこで「なぜ、できないのだろう。難しすぎるだろう」と思い込んでしまい、集中できていません。

これは文化とアイデンティティーの誤った相互作用と言えます。

Ｂさんは「英語を学びたい日本人」ではなく、「世界の文化と言語を知りたい個人」と自分のことを作り直せば、固定観念の影響が緩くなる可能性があります。

また、「試したら、失敗する」のではなく、「試したら、必ず失敗する」ものです。失敗を繰り返すからこそ、言語能力は上達します。間違った英語をいっぱい使うことで、それを訂正していけばどんどんうまくなるということです。

日本のユニークな文化と、その解釈も精神健康としあわせに影響を与えると思われます。

なぜでしょうか？

「日本人だから真面目ですね」と、外国人の友達、知り合いに言われたことはないでしょうか？

逆に、盛り上がって、渋谷交差点の写真をいっぱい撮る外国人の友達に、「ヨーロッパの建築と比べて日本の街は歴史が浅い、見所がない」と、伝えてしまったことはありませんか？

文化とつながっている、自身のアイデンティティーの過剰意識は、必ずしも良いことと言えません。

たとえば日本人だからと、真面目な印象を持っている人は、実際そこまでまめな性格でなければ、劣等感を覚えてしまう可能性が高いものです。

また過去と現在に加え、ハイブリッド、模倣から生まれる新しさの混在を特徴とする日本を、高尚と思われる歴史のある他の国と過剰に比較してしまうと、コンプレックスを抱いて、逆に外国から認められる良さを見失う可能性もあります。

文化的なアイデンティティーの意識は、ほどほどにしましょうと伝えました。

著者もサッカーが好きな、チャラいイタリア人男性(と、あえていわせてもらおう!)の狭い型に収まりませんが、その人物像であるべきと考えてしまったら、苦しんでしまいます(実際に、幼少期には苦しみました)。

文化の比較で生まれる優劣、また文化の典型的な部分と、私たちのアイデンティティーの相互採用は、慎重に扱うべきなのです。

どう「模倣」をとらえるか

「高尚」と「俗っぽさ」——どちらに目をとめる？

西川長夫の1993年の日本人論の分析[27]における、二つの「私的日本文化論」があります。

一つは建築家のブルーノ・タウトの見方で、もう一つは作家の坂口安吾の見方です。両者はいずれも『日本文化私観』という本を著しています。

ブルーノ・タウトは、「グラスハウス」や「集合住宅（Siedlung）」の設計で知られる、世界的に有名なドイツの建築家です。

タウトの日本文化に関する言説は、常に日本とヨーロッパを比較することによって成立します。

日本文化は、地球上のさまざまな文化のひとつに過ぎないが、生命力にあふれた調和と言える。日本文化は、芸術や生活において常に簡素を好む、それは正しい教育を受けている人々も簡素を求めることから見ると、良い意味で「モダン」の一例となれる。

そして、タウトは、普遍的な「世界感情（Weltgefühl）」という概念を持ち出します。

波の形、風の柔らかさ、凪の静けさのすべてが世界感情を我々に与えるように、芸術という名のすべての創造物も同じく、普遍的な「世界感情」を我々に与える。

つまり、どの国のどのようなスタイルの芸術であっても、優れた資質を備えていれば、普遍的な「世界感情」を付与されうるということです。

そうであるならば、タウトが主張する日本の特有性とは何なのでしょうか。

著書『日本文化私観』の最終章「第三のニッポン」で、タウトはこの問い――日本文化の特有性について答えようとしているようです。

ちなみに「第一のニッポン」とは、タウトの自論によれば、日本が先史時代の文化を独自の方法で吸収した時代にあたります。第一のニッポンは今日でも伊勢神宮にその痕跡を見ることができ、「ヤマト」の時代と名乗れるといいます。

「第二のニッポン」とは、日本が韓国や中国の文化を吸収した時代にあたります。この時代に、小堀遠州をはじめ、17世紀の偉大な歌人や画家が、日本文化の復興を成し遂げました。

では、「第三のニッポン」とは何なのでしょうか。

タウトは「地球の裏側にあるヨーロッパ世界の文化を模倣した後に出現する、混沌の状態に落ちた日本」と描写します。

次は坂口安吾についてです。

彼の模倣に対する考え方は興味深く、『日本文化私観』の中の「模倣ではなく発見である」に続く一節で、このようなことを述べています。

ゲーテがシェークスピアの作品に暗示を受けて自分の傑作を書き上げたように、個性を尊重する芸術に於てすら、模倣から発見への最も屢々行われる。

インスピレーションは、多くの模倣の精神から出発して、発見によって結実する。

坂口が「模倣」の意義を特に強調するのは、タウトの『日本文化私観』にある〝Beauty disappears when imitation appears.（模倣が出現すると美がなくなる）〟という、模倣に対しての否定的な見方と対比させるためと思われます。

彼に対しての批判も、含まれているのでしょう。

タウトが日本の、いわゆる「伝統的な文化／ハイカルチャー（高尚）」をうたう反面、坂口は「乱暴」「バロック」「はいから」「いかもの、キッチュ」「模倣」などの、いわゆる「世俗的な文化／ローカルチャー（世俗）」の良さを語ります。

祇園の芸者衆と夜中に通った東山ダンスホール、名前と金額を書いた石が何万個も積まれた嵯峨野の車折神社、嵐山劇場の尿臭のする客席の便所に旅芸人、亀岡の明智光秀の城跡の取り壊された大本教本部

これが、坂口が１９３８年初夏までの京都滞在中に鑑賞したもの、聞いたものです。タウトならば眼にすることのない、あるいは眼にしても見えていない情景ばかりでしょう。タウトが高く評価した、日本的美の対極にあるものを見出しています。

タウトが謳歌する京都の有名な寺院や史跡の高尚さに対比して、坂口は寺院や日本庭園の建築に潜む「俗っぽさ」を探ります。

そのため坂口は、龍安寺の石庭の世界観よりも、芭蕉の巡礼の旅を好んでいます。では坂口は、あらゆる高尚な芸術表現を否定しているのでしょうか。

それが、そうとも言えないようです。

簡素なるものも豪華なるものも共に俗悪であるとすれば、俗悪を否定せんとして尚俗悪たらざるを得ぬ惨めさよりも、俗悪ならんとして俗悪である闊達自在さがむしろ

取柄だ。

この精神を、坂口は豊臣秀吉に見ていますが、イタリア人の筆者からすると、「みんな自分の真剣な願いで、自由闊達に誠実に生きる」という考えを、提示したかったのではないかとも思うのです。

日本文化の真骨頂「明太子パスタ」

なぜこのような、古めかしい日本の見方を紹介したのでしょうか？

「いったい、何がいいたいの？」と、読者の皆さんは混乱されているかもしれません。ただ実はここに、現代日本のほかにはない「ユニークな文化のヒント」を多く見出せ、「それにまつわるメンタルヘルスの問題点」が見え隠れするのです。

まず、タウトの「第三のニッポン」には、日本の〝異文化吸収力〟という特有性が潜んでいるのではないでしょうか。

異文化と接し、吸収し、元を改造してオリジナルな表現に和を生かし、取り込む能力は日本文化の特有性といえます。

たとえば、明太子パスタに代表される和風パスタ。

明太子、海苔を載せたパスタはもちろんイタリアに存在しません。パスタの概念を取り込んだものでありながら、新規性のある料理と言えます。

他にも、カレーライスやラーメンにも、概念を取り込みながら新規性があります。

もちろん、それは料理だけにとどまらず、ほかの分野でも多々見受けられます。

他の文化と比較しても、単に何かを取り込むのではなく、自分たちに合うように再度アレンジメントすることが日本人は得意です。和洋折衷という言葉（コンセプト）が、ごくあたりまえに使われていることも、それを表しているでしょう。

日本文化の特有性（オリジナリティ）は模倣、吸収から生まれる改造、新規性にあるといえます。

実は坂口の語りにも、日本の文化の特有性が垣間見られます。

「世俗的な文化／ローカルカルチャー（世俗）」は「模倣」からも生じ、発見へと通ずると先にも引用した通りです。二次作と呼んでもいいでしょう。

この「模倣」はタウトが語る、日本の異文化の吸収プロセス（「第三のニッポン」）にも似ています。

その吸収、模倣は「世俗的な文化／ローカルカルチャー（世俗）」となります。なぜならば、インスピレーション対象を「模倣」することで、新しい発見、創作は生まれるからです。

そういった意味で、この二人の日本のユニークさを語る側面は、表裏一体と言えます。

「オタクカルチャー」が示すものとは？

坂口が認める日本の「世俗的な文化／ローカルカルチャー（世俗）」は、現代の日本でいう、アニメなどのオタクカルチャーにも当てはまると考えます。

欧米のアニメーションの模倣から始まった、日本のオタクカルチャーは、完全に新しい文化に発展しています。

ただ、今の時点で日本人はタウトのように、これが世界中に高く評価されているとは、まだあまり認識していません。それどころか、公言するのがちょっと恥ずかしいような、コンプレックスをもっている印象すらあります。


特に年配の日本人が、オタクカルチャーを文化として扱わない、あるいは認めようとしないのは、それらを「下に見ている」ことにあるように思います。

過去の海外作品／音楽――いわゆる「上品（な伝統）＝ハイカルチャー（高尚）」とされるものが好きな自分のほうが、「よい趣味をお持ちで」「頭よさそう」など、人に対していい印象を与えられるという、潜在的な葛藤があるのかもしれません。

「人に対していい印象を与える＝人の目を過剰なまでに気にする」というのも、日本人を語るうえで欠かせない話題というのは、先にも触れた通りです。


ローマは凄まじい文明でしたが、衰退しました。今、ローマまたはギリシアの文明を謳歌する人たちは、過去の文明を評価しています。

逆に、日本のオタクカルチャーの凄まじい創作の量と質からすると、現在進行形で盛んであるといえます。もしかしたら、未来では「伝統的な文化／ハイカルチャー（高尚）」として謳歌されるかもしれません。

また、オタクカルチャーも日本の社会精神医学の現象と同じく、日本の特有性（＝和のユニークさ）を語ります。

これは坂口のいう、龍安寺の石庭の世界観「伝統的な文化／ハイカルチャー（高尚）」と、芭蕉の巡礼の旅「世俗的な文化／ローカルチャー（世俗）」の対立に比較できます。

現代の「世俗的な文化／ローカルチャー（世俗）」は、未来の「伝統的な文化／ハイカルチャー（高尚）」になるはずです。「模倣」は新しい発見に進展します。

そういった意味では、いずれ日本のオタクカルチャーが、文化遺産として高く評価される時代がくるかもしれません。

II部

パントー先生は考えた
日本人がしあわせになるために
日本社会の文化・慣習と
「うまく付き合う」コツ

FRANCESCO PANTÒ

1

「我慢」という怪物に遭遇したら

自身の欲求よりも他者の欲求を優先させることで、「我慢」はあなたの心身を蝕む怪物となります。

「我慢」は自身の限界を無視し、心身のニーズを蔑ろにさせる側面があるからです。

抑圧された感情が病気につながる

「我慢強い」との言葉もあるように、日本社会の中で「我慢」の捉え方は、耐え難いことに苦しむ、一種のストイックな能力と思われ、美徳、エートス（ある民族や集団の特徴をなす道徳、慣習、習俗）かのように認識されています。

苦しいときに最善を尽くし、自制心と規律を保つ意味も含まれるでしょう。

文化人類学者でサンフランシスコ大学神学・宗教学科長のジョン・ネルソン氏は、ナショナル・ポスト紙にこう語っています。

「日本文化では、精神的資源を内的に収めることで、苦しむことにある種の気高さを感じる」[28]

ただ、社会精神医学的な観点で言えば、美徳、秩序、市民性、自身の欲求を押し殺す我慢は、良いところばかりではないと断言できます。

心理学でいえば、**我慢は「感情を抑圧する行為」**に等しいもの。

感情を抑圧することに伴う、身体と生理的な影響はよく知られている一方で、「抑圧された感情は体に留まる」とは、よくある俗説かと思われるかもしれません。

ただ、実際に**抑圧された感情は、不安、うつ病、その他のストレスに関連する病気につながる**のです。

また、抑圧された感情は、アルコールや薬物の乱用につながることもあり、処理されていない幼少期のトラウマと依存症の関連性も立証されています[29]。

苦痛を避ける方法として、「ネガティブ」と思われる感情を抑圧し続けることは、自身が意識するかしないかにかかわらず、一時的に「あり」だとしても相当の努力が必要となります。

やがて、この「努力」が限界を迎えると、交感神経系の活動が必要以上に高まり、〝心身ともに不健康〟という結果をもたらすことになるのです。

ネガティブな感情の努力的な抑制は、易怒性、非刺激性、ストレスによる循環器に対する負担についても、即時的および遅延的な影響を与えることが研究により示唆されています[30]。

感情の抑制と死亡率の関連性を示す証拠については、1970年にロナルド・グロサルト＝マティチェクが実施した、ユーゴスラビアのコホート研究で初めて得られています[31]。

長期の絶望感はガンと、怒り、心臓病と関連していたのです[32]。

また、12年間の追跡調査による感情抑制と死亡リスクに関する別の研究では、感情抑制は、ガンによる死亡を含む、早期死亡のリスクをもたらす可能性があると結論づけています[33]。

数々の研究データからもあきらかなように、**嫉妬、恐怖、怒り、罪悪感、自責の念など、自身の表現力を「我慢」することは、深刻な結果を伴ってしまう**のです。

「助けて！」と言えない日本

感情の抑圧――つまり、日本社会でいうところの「我慢」の側面の一つに、援助要請行動（p80）阻害があると思われます。

つまり、「我慢」が美徳とされ、それに慣れ親しんだ日本人は、極めて不健康な状況でも、他者に助けを求めることがなかなかありません。

本書のI部のカウンセリング例にもあるように、著者自身、臨床現場において「適応障害」、つまり環境に起因する気分の落ち込みと不安は、特に日本に住む大都会の青年期から中年期の方に、急増している感触を得ています。

「上司と会社に迷惑をかけたくないから、我慢する」

「がんばらないと家族も困るから、我慢するしかない」
「周りに溶け込みづらいから発達障害かもしれない」

など、何度聞いたことでしょうか。

このようなケースは、感情の自己抑制に伴う、精神健康度の低下を語るのではないかと考えざるを得ません。

「自身の表現力」を我慢しない！

適応障害は、決して軽んじる病気ではありません。劣等感、発達障害などの誤った診断（誤診）などだけではなく、自殺のような極端な結末もあり得るのです。

自殺は日本において依然として、重大な社会問題となっています。

２０１８年のＷＨＯの報告書によると、10代の日本の自殺死は６０２人であり、人口10万人当たりの自殺死亡率は、Ｇ７加盟国の中で最も高くなっています。

ただ、国内外の他の研究データから見れば、精神障害が自殺の大きな危険因子であるにもかかわらず、日本の公式統計では、自殺を遂げた人と精神的健康に関するデータはお互い紐づけられていません。

おそらく「我慢」し、「助けを求めない」からこそ、受診しないまま重症化し、最悪の結末を迎えてしまうケースが少なくないということなのでしょう。

では、「我慢」という怪物に遭遇し、押しつぶされそうになったら、どうすればいいのでしょうか。

我慢に我慢を重ね、ストレスを溜めすぎ、抑うつ気分に落ちてしまうと、すべてが悲観的に見えてしまいます。

「絶対これから良くならない。絶対これからしあわせになれない。希望がない。この苦しさが続くものであれば死んだほうが楽」――。

このような考えは「極端すぎる！」と、思うでしょうか？

実は、このような思考になることは、うつ病ではけっして珍しいことではありません。

ただ、ここで注意したいのが、これは「症状の一つ」に過ぎないということ。うつ病（抑うつ気分）によるもので、本心ではそんなことは望んでおらず、いわば突発的な感情だということです。

それだけ、追い詰められてしまっているともいえるでしょう。

たとえば消化不良などになってしまい、お腹をくだしたときに、「もう絶対、何も食べない！」と思ってしまったことはありませんか？

ですが、それは痛みに対して自暴自棄になっているからであり、お腹が治ったら、いつの間にか、また自然においしく食事を楽しんでいるのではないでしょうか。

うつ病も同じです。

「もう生きたくない」と思っても、治ったらそれは絶対消える気持ちなのです。そこで、極端な行動に走れば、本当に取り返しがつきません。

もし、あなた自身が「いなくなりたい」という気持ちを持ったなら、勇気を出して「(自分の)話を聞いて!」「助けて!」とSOSのサインを出し、我慢——**自分の感情(表現力)を我慢するのをやめてください**。

病院などの敷居が高い(あるいは、病気だと自覚していない可能性もある)のであれば、家族や信頼できる友人に訴えてもかまいません。

「わがまま!」と思われても、いいではないですか。

そう感じた人は、〝自分にとって大切な人ではなかったんだ〟という、思い切った割り切りも必要です。

だって、自分の大切な人に「話を聞いて!」といわれたら、あなたはどうしますか?

——絶対に話を聞くはずですよね。本心をあかされなかったら、悲しいですよね。

だからあなたも、思い切ってSOSを出してください。

2 「同調圧力」の罠にかかりそうになったら

日本人は、同調圧力というプレッシャーに、常に必要以上にさらされています。

周囲から直接的に何か言われなくとも、「大人なら、こうしなければ」と周りの空気から〈察する〉、周りに〈合わせる〉ように求められ、周囲から浮かないようにするように仕向けられる――「暗黙の了解」と隣り合わせで日々を過ごしています。

「同調圧力」と「我慢」の違い

同調圧力は我慢と似ていますが、その最大の違いは「無意識のうちに」といえるでしょう。

特に日本社会においては、誰かに何かとやかく言われなくとも、心の中でどう思っていようと、「察して、周りに合わせる」ことがとにかく大事とされています。

それができないと、「大人」ではない。やっていけない。

これは「将来、ちゃんとした大人になれ」「社会人なら、こうして当然」という、「社会的アイデンティティー／役割」に対するプレッシャーにとどまりません。

実にさまざまな側面で、〝訓練〟を受け続けているといえます。

たとえば、「これが今、流行っているから、波に乗らないと」「そんなの、ダサい」などの「流行（トレンド）」も、同調圧力の一種です。

わかりやすいところでいえば、「オタク文化」。

昨今では認められつつあるものの、かつては「なんか、あんまり……」ととらえられ、「大人がアニメを見るなんて！」と同調圧力にさらされてきました。

はい、筆者は身をもって、それを感じた一人です……（しかも「お医者さまなのにね！」という、イヤなオマケつきでした……）。

「察して、周りに合わせる」

同調圧力のプレッシャーに「負ける」と、「（自己）感情調節」（p53）に対するすさまじい影響があります。

I部でも例に挙げましたが、特に幼少期は感情調節を身につける時期であり、子どもの欲求、不満、本音を受け入れること自体が極めて大事にもかかわらず、**行きすぎた同調圧力によって自分は何者なのか、感情調節が未熟なまま大人になるケースも珍しくありません**。この場合、同調圧力（日常と他者関係のストレス）に対して、かなり敏感な大人に成長します。

こんな話もあります。

学生Aさんは、超がつくほどの名門の大学に入学した。専攻は、彼の大好きなルネサンス文学である。

Aさんの母親は「◎◎大学に通えるなんて！」と、とても褒めてくれた。

でも、それを聞いた息子（学生Aさん）は、とても褒めてもらっているにもかかわらず、がっかりしてしまう。「そこじゃないだろう」と悲しげにつぶやいた――。

息子は「個人的なアイデンティティー（personal identity）／固有性」である、ルネサンス文学で自慢されたいけれど、母親は「外部の基準」に囚われ、客観的な指標にすべての価値を注いでいます。

子どもに対しての「社会的なアイデンティティー（social identity）／役割」の押し付けは、早期段階からさまざまな側面で始まることは、先にも述べた通りです。男女ロールモデル、親孝行、我慢、社会的な地位の獲得（名門大学への入学、トップの成績）、結婚年齢の締め切り、スポーツ、楽器言語学習、社会から見て優秀な人との付き合い……などなど、挙げればキリがありません。

また、社交的な場面に特定のキャラを演じる、「キャラクター文化」も興味深いものがあります。

斎藤環氏は『キャラクター精神分析　マンガ・文学・日本人』（筑摩書房）の中で、

若年層が学校内で行う、独特なコミュニケーションの現場を語っています。日本の若年層は、学校内でキャラ（役割）を演じながら、コミュニケーションに臨むというのです。

たとえばいじられキャラ、お利口なキャラなど、そのコミュニケーションの出来不出来によって、キャスト（階級）が作られ、コミュニケーションをうまく取れない下層階級の学生は、いじめと疎外の対象となってしまうといいます。

ここでも、日本の社会では、コミュニケーションは自発的な流れよりも、他者の承認を得る——つまり、「外部の基準（客観的な指標）」に合わせ、同調圧力にしたがって演技する傾向が、発達の早期段階にも取り込む傾向が見られるというわけです。

「自分はどう思っているか」を話してみよう

では、必要以上の同調圧力から逃れるには、どうすればいいのでしょうか。

手始めに、「自分が何を感じたか、どう思っているか」について、話してみましょう。

たとえば自己紹介。日本人は、「どこそこの大学を出た」「どこそこに所属している」

「～と言われている」など、「社会的なアイデンティティー（social identity）／役割」や、他者視点に基づく自己紹介をすることが多いのではないでしょうか。

これを、プライベートでは「個人的なアイデンティティー（personal identity）／固有性」や自分の視点（自分自身が思っていること）に変えた、自己紹介に変えてみてください（仕事などでの付き合いでは、ムリしなくて大丈夫です）。

「そんな機会ないかも」と思った方でも、書き出してみるといいと思います。意識して、「何が好き」「何が嫌い」「自分の性格」などについて、述べ（書い）てみましょう。

そうすることで、「自分が（この場合は自分自身を）どう思っているか」がわかり、必要以上に周りに合わせ、「本当は、こう思っているのに」と、自分を見失ったり、あるいは卑下することが少なくなると思います。

ただ、ここまで述べておいてなんですが、日本社会では「やりすぎ」は禁物です。白い目で見られ、かえってストレスになることも考えられるので（これも、同調圧力の一種ですね）、うまく使い分け、自分の感情を出してもらえればと思います。

3 「弱い自分」を出せず苦しいときには

個人主義の要素が強い社会においては、脆弱性（弱さ）もまた「個人的なアイデンティティー（personal identity）／固有性」として、褒め称えられる文化背景があります。ただ、弱さを固有性と捉える文化がある一方で、脆弱性を望ましくない、隠すべきで敬遠すべき（暗黙の了解の一種）とする、日本のような文化もあります。

これらは「強がることを日常化」させ、今までも再三述べてきたように、「SOSを言い出せない」空気を醸成しています。

心の奥底で〝傷つきやすさ〟を抱える私たち

脆弱性には自分が傷つきやすいイメージがあり、一般的にはレジリエンスの対極にあるものと考えられています。

しかし、皆、心の奥底で肉体的・心理的な傷つきやすさを抱えているものです。私たちの心理的な脆弱性の中核は、恥、罪悪感、恐怖といった古くからある感情です。

さらに、間違った決断をしたり、間違った人を信用したり、間違ったキャリアを選んだり、自分の能力が足りずに失敗したりすることへの恐怖にも直面しています。

このような実存的な不安は、多くの未知、リスク、危険が存在する世界に住む、私たちが経験するものです。

逆説的ではありますが、この根深い不全感こそが、他者や神に手を差し伸べ、自分の潜在能力を開発し、価値あるものを追求する道へと駆り立てるのではないでしょうか。

脆弱性は新しい経験への開放性につながり、寛容な心を育てます。

結果として、信仰（宗教的な意味だけではなく、信じる、何かに縋《すが》るという広い意味で）、人間関係、人生の意義という、ポジティブな精神衛生の三本柱をもたらすのだと思います。

恥のポジティブ心理学

研究者のブレネー・ブラウンは、脆弱性を諸刃の剣とみなしています[34]。脆弱性は、私たちを身体的・精神的な害を受けるリスクにさらす一方で、回復力、創造性、自己変革への入り口となり得るとしているのです。

心理的脆弱性といえば、否定的な評価に対して非常に敏感で、拒絶されたり利用されたりすることに恐怖を示し、精神病理と関係があることが、研究によりあきらかになっています。

たとえば、自尊心が低いとうつ病になりやすいとされています[35]。

同様に、心理的脆弱性尺度（ＰＶＳ）で測定される、対人ストレスに対する不適応な認知反応は、対処行動や心理的・身体的ウェルビーイングに、マイナスの影響を与えると示唆されました[36]。

また、心理的脆弱性が、関節リウマチ患者のうつ病の増加を予測することも、示唆されています[37]。

このような背景から、ブレネー・ブラウン（2012）は、**脆弱性は弱を意味するという文化的神話に挑戦し、私たちの人生の関係、目的、意味をむしろ回復するの**ではないかと提案しています（Shame Resilience Theory／SRT）。

私たちの文化では、脆弱性は「恐怖」「恥」「不確実性」など、できるならば避けたい感情と結びつけられています。

しかし、脆弱生は実は「喜び」「所属」「創造性」「信頼性」および「愛の出所」でもあるという事実を見失っています。

SRTでは、人々が恥にどのように反応するのか、また、人々が恥の感情を克服するために、どのような戦略を用いるのかを探ろうと試みています。

個人の脆弱性や恥の感情を引き起こした外的要因を認識し、他者とつながり共感し、**恥の感情を再構築することで、恥の回復力が得られる**と提案しているのです。

また、ヴァン・ヴリード、Kジェシカは、別のグラウンデッド・セオリー研究において、**脆弱性は個人の自己再構築のプロセスを通じて、恥の感情からレジリエンスへと立ち直ることを報告**しました[38]。

近年、**恥のポジティブ心理学**に関する実証的研究が増えています[39]。したがって、今後の研究によって、社会的・心理的な脆弱性の両方をレジリエンスとウェルビーイング（２０２０年のトロントでのMeaning Conferenceのテーマ）に変えることができる、さまざまな要因があきらかになるという楽観的な根拠もあります。

まず「ちょっと恥ずかしい部分」を出してみる

まずは、家族など本当に信用できる人に対して、自分の「ちょっと恥ずかしい（弱い）部分」を出してみましょう。

家族に対しても必要以上に気を遣い、認めづらい側面を隠してはいませんか？

自身の苦手な部分、弱さを出すことは、自尊心を築き上げる意味でも有効です。

相手をよほど不快にさせるようなことでなければ、まず今まで自分がさらさなかったちょっと恥ずかしい側面、苦手なところを出して――よりカジュアルに「シェア」してみましょう。

案外、相手も安心して、自身の「ちょっと恥ずかし（弱）い部分」をまた、シェアしてくれるかもしれません。

信頼できない人であれば、自身の弱さを悪用される可能性もありますが、裏を返せば、本当に信頼できる人、信頼できない人を見極めることにもつながります。

4 「迷惑・遠慮文化」に押しつぶされそうになったら

社会的期待（social expectations）——つまり個人や組織にしたがって社会全体の内面化された社会的規範と、個人のしあわせはどういった関係を持つのか、また文化によってその影響は違ってくるのでしょうか。

文化に縛られた道徳に影響される「社会的期待」

日本のような相互依存的な文化圏の人々（集団主義に近い意味）は、取るべき行動と社会的義務について、より一致した見解を持つことが示唆されています。

ある調査では、援助に関する社会的期待の認知と感情との関連における、文化の調整効果を検討しました[40]。

日本人（n＝164）とアメリカ人（n＝177）の成人は、最近誰かを助けた状況を思い出し、欲求充足と感情に関するアンケートに回答しました。

予想通り、日本人はアメリカ人に比べて、助けるべきという社会的期待の認知と肯定的感情との間に、強い正の相関を示しました。

日本人の場合、「助けるべき」という社会的期待の認知が能力意識を高め、より肯定的な感情をもたらすのに対し、アメリカ人の場合、「助けるべき」という社会的期待の認知が自律欲求の充足を下げ、結果、肯定的感情を低下させることが示されたのです。

自己決定理論によると、自律的動機に基づく援助行動（他者を助ける）は、自律性、自己効力感を満たすことによって、ポジティブな動機につながると仮定しています[41]。しかし同時に、人々が考える自律的動機とは、文化によって異なることが研究者に示唆されています。

欧米の研究では、独立文化（個人主義）の人々が社会的期待に応えることは、自律度の統制をもたらし[42]、基本的な感情欲求の満足を阻害するとされています。

これに対し、相互依存文化（集団主義）の人々にとって、社会的な期待に応えることは、自律度の統制として認識されません[43]。

つまり、アジアの相互依存的な文化圏の人々は、援助の主体的動機（欲求）と義務的動機（義務、社会的期待）の間にコンフリクトを感じず、肯定的感情を覚えます。

それは役割の期待を、内面化しているからではないかと思われています[44]。

社会的な義務を義務として感じず、むしろそれに合わせることで喜びを感じる——。

理由の一つとしては、アジア文化における役割を満たすことで生じる、達成感がより強く支持されています[45]。

したがって、**助けるという社会的期待の内面化は、文化に縛られた道徳に影響される**かもしれません。

ある研究者[46]は、社会的期待と情動の関係を説明するため、文化媒介モデルを提案し、社会的な期待に応じることで満足（自律感を覚える）を覚えるかどうかは、文化の媒介によって違うと判明させました。

社会的期待が義務的な動機づけの一形態であるならば、基本的に満足度も減少し、その結果肯定的感情も減少します（米国の仲介モデル）。

逆に社会的期待が自律的な動機づけの一形態であるならば、満足度も増加して、その結果肯定的感情も増加します（日本の仲介モデル）。

言い換えると日本人は、少なくとも意識的には、社会的な期待の「義務」による負担を感じていません。

社会的期待に合わせるのは、自分が決めたと感じていることが多いようです。

社会的期待という暗黙の了解

ただ筆者から見るとそこに、落とし穴が潜んでいます。

日本人は欧米人よりも社会的期待を軽く感じる、あるいは無自覚でも、本人の自由意志で決められた動機ではないことは変わりません。

欧米文化では本人に感じる社会的期待と、その期待につながる自分の自由な動機との不調和は、最初から自覚を持って受け止められています[47]。

社会的期待は2つの文化圏で、感情に対して対照的な効果を持つ可能性が高いと示唆されました。

独立した文化（個人主義）と相互依存した文化（集団主義）では、しあわせは異なる経路で達成する可能性もあります。

これは文化的使命感と同じく、文化的課題に合わせることで、ある程度満足感を覚えるという理論と矛盾しません。

社会的期待の一例は何度も述べている「同調圧力」、この場合は「皆、同じことをやりましょう」という社会的なプレッシャーと解釈できます。

この暗黙の了解こそ、「社会的な期待」になってしまうわけです。

ただ、しあわせは自己実現を通じて得るものであれば、個人個人のしあわせを必ずしも反映しない社会的な期待で、完結できるものではありません。

むしろ、自発的な感情の表出の延期と抑制を、もたらす可能性があります。

もちろん自由奔放な自分でずっといられるわけでもなく、感情調整できなければイライラするときに電車の中でも、叫んだり、大声で泣きわめいたりすることになります。

ただ、長期間に社会的期待を優先し、自発感情を抑えることは適応障害、うつ、不安などの不健康な帰結をもたらす可能性を否定できません。

「援助要請行動」を阻む可能性

日本社会の社会的期待は、必要以上に人間の表現性の幅を狭めてしまう可能性があるのではないでしょうか。

たとえば一人で解決できない悩みがある場合、信頼できる他者への相談は貴重なものとなります。

しかし、「迷惑をかけるな」「遠慮が正しい」のような、「社会的な期待」が社会の背景にあれば、気軽に「助けてください」とはなかなか言えないでしょう。

「迷惑と遠慮文化」また「建前」「社会人のあるべき姿」など、自己感情を必要以上に抑制するだけではなく、困っているときでも、悩んでいるときでも、「助け」を求められない心理をも生じさせるのは、当然ではないかと考えます。

「援助要請行動」を阻む可能性があります。

また、「社会的なアイデンティティー（social identity）／役割」の束縛に囚われて、自己感情を表現できないリスクが残ります。

他者に良い評価をもらいたいため、いい「社会的なアイデンティティー（social identity）／役割」を獲得しなければならない。したがって自己表現をあきらめても、社会的な期待に応じる。

その一方で苦境に立ち、他者の力を借りないと、その困難を乗り越えられない人たちもいるのです。お返しできない「社会的なアイデンティティー（social identity）／役割」がなければ、助けを求めにくいことでしょう。

このような社会には、「脆弱性」もまた、許されていません。

自分を「助けを求められる側」に置いてみると

スキル、社会的な機能によって優劣をつける社会である日本は、もしかすると「社会的なアイデンティティー（social identity）／役割」に基づくエイブリズム、能力のある人が優れているという考えに基づいた、その能力を持っていない人に対しての、差別と社会的偏見が潜んでいるのではないでしょうか。

他者に迷惑をかけていると思ったら、誰だって助けを求められません。

それが迷惑・遠慮文化のある日本なら、なおさらでしょう。

繰り返しになりますが、自分が助けを求められる立場だったらどうしますか？

もちろん相手との関係性にもよりますが、自分の大切な人であれば、迷うことはないでしょう。なんらかの救いの手を、すぐに差し伸べるはずです。私たちが思っている以上に**「助けてください」と言うのは迷惑ではなく、逆に相手に対して自分の能力を発揮でき、役に立てる――関係をより身近に感じる経験にもなる**のです。

その結果、相手との距離も縮んで、信頼関係がますます構築されます。

助けを求めるときにとまどってしまったら、逆に求められている立場で想像してみてください。

あなたのように、「私を頼って！」という人が、周りに必ずいるはずですから。

5

「恋愛」をもっと楽しむために

恋は「頭」ではなく、「心」で経験するとよく言われています。日本人は心で恋愛しているといえるのでしょうか。

人を無駄に競争の対象にしない

条件付きの恋愛を極端に求めると、恋愛が成立しても利益をもたらす条件がなくなれば保つことができなくなります。また条件付きの恋愛を徹底すれば、人口の1パーセント程度しか、パートナーができなくなってしまうでしょう。

経済的に裕福で、社会に認められた美貌、能力などを持っていない人は、恋愛の適性がないという残酷な世界になります。

家庭を築くには相手の経済力など、実用的な側面を考慮しなければいけないことは否めません。

ですが、そればかり見て、相性の良いパートナーを見つけられるでしょうか。

基準を満たすパートナーを探すのと、好きなところを持つパートナーを探すのは、何が違うのでしょうか。

この違いは、簡単にいうと定量（quantity）と質（quality）の違いに、たとえられます。

定量で相手を評価する場合は、どうしても数字がけじめをつけることになり、勝ち負けの勝負になります。

たくさん持つ者が勝ち、少ないものが負ける。

本質的な価値ではなく、そのプラスとマイナスの合計数により相手の尊厳が左右されるからです。

逆に質で人を評価すると、勝ち負けだけではなく、人それぞれ自分なりの何かで勝てることになります。つまり項目の量の多さではなく、項目それぞれの特徴が評価されます。

何より質の一番の良いところとして、「比較対象」がないことが挙げられます。

比較対象がないからそこで、負けることもない。

モテても、モテなくても、人を無駄に競争の対象にしない。

婚活マーケットで定量的に評価されると、個人個人の間に過剰な比較傾向が生じ、競争に苦しむ人たちが生まれてしまう。

逆に恋愛の現場に質を重要視する社会は、ダイバーシティで人に価値をつけ、個人個人それぞれの特徴がプラスとなります。

人の価値を数字化してしまうリスクも、少なくなるでしょう。

「モテ」と「非モテ」――インセル文化

日本の恋愛現場、「モテ」と「非モテ」――つまり恋愛版の勝ち組と負け組の隔たりは深いものです。

「非モテ」の烙印は、本人の自信と自己効力感を蝕む呪いになります。

「売れ残り」になりたくない衝動にかられて、男性は35歳、女性は30歳の賞味期限が切れる前に、相性の良さを十分に確かめていないパートナーと、誓いを交わすことも珍しくないでしょう。

また、男性の場合は自信不足で、「モテない」と思い込んでしまうケースも珍しくありません。

こういった思い込みは、どのような心理的リスクがあるでしょうか。

文化比較はここでも役に立ちます。

アメリカで最近研究されはじめた、インセル（Incel）文化を紹介したいと思います。「インセル」とは「Involuntary Celibate（非自発的独身）」の略で、インセルのコミュニティは、恋愛や性的関係を得るのに苦労する個人（ほとんどが若い男性）からなります。ほぼ完全にオンライン上に存在するとされています。

研究者によると、インセル・コミュニティのメンバーは通常、自分たちの恋愛と性的な経験のなさを女性のせいにし、そのため一部のインセルは、女性に与えられたと思われる被害に対する報復として、女性に対する暴力行為に及んでいるといいます。

インセルのイデオロギーによると、恋愛パートナーを見つけられない男性たちは遺伝的に決定された身体的外見の不備が主な原因で、女性や社会から孤立に追い込まれています。

インセルの男性たちは、女性から拒絶される人生を送ることになるという信念が強く、将来に対して否定的な見方を持つことが多いようです。

また、殺人、暴行など女性に対して犯罪を犯すケースが多々あるといいます[48]。


過去の日本の有名な電車内通り魔事件の犯人は、「勝ち組の女性など幸せそうな人たちを殺したい」と発言しました。

この男性は、インセル・コミュニティの一人かもしれません。

６６５人のインセルの男性たちが参加した、２０２０年のオンライン調査では、回答者は18歳から30歳の若い男性で、親と同居しており、女性と親密な関係を持った経験がないことがあきらかになりました[49]。

ほとんどが生活に不満があると報告し、回答者の約68％がうつ病を、74％が不安症を経験し、40%が自閉症の診断を受けたと報告しました。

「質」の観点から自分を見よう

インセル文化の教訓とは何でしょうか。

モテと非モテを決めつける社会は、特に男性の自尊心を傷つけるリスクがあります。自己嫌悪に堕ちる男性たちが、自分と他者に暴力を加えるリスクも否めないでしょう。

モテる男性は、イケメンつまり見栄えのする見た目で、稼ぎが多い、強い、さりげないかっこよさ、そのうえに、相手のことを思いやるほどの優しさもある程度要求されています。

モテる女性は若い（幼さ）、かわいい、男ほど稼ぎが良くない、ちょっと不器用、いろいろ男性に頼り、経済的にも弱い。

この定番の「モテるセット」――どう考えても器は狭いでしょう。

競争を煽るだけで、自身の固有性を育てるよりも、「どうやってモテる、どうやって勝ち組になる」という不健全な意欲を湧かせるリスクがあります。

筆者からすると、モテたいというより、愛されたい願望についてくる自問は「どうやってモテる」のではなく、**「どうやって個人を表現できる、どうやってありのままの自分を、受け入れられるようになれる？」**という質問です。

愛されたい欲求を満たすには、まず自分自身を認める必要があります。

モテはセット売りみたいなものです。すべて揃わないと満足できないし、効果も得られないですね。

ただ、自分を受け入れる、認める、愛するのは定量の話ではなく、質の話です。

一つでも自分の見た目、性格、特別に好きなところ、他の人と比べて唯一無二の部分を見つけましょう。

「えぇー！　私は絶対そういう特徴を持っていない」と思うかもしれません。これまで意識していなければ、そう思うのも無理のないことです。

その場合、周りにいる友人、家族に「私の特徴といえば何だと思いますか」と聞いてみてください。

自分なりに一つでも「質」を見つけましょう。

すると、健全な自己愛を育てることができます。愛を見つけるには、そのコアになっている自身の「質」を認めてくれる人を、見つけることです。

たとえば、自分はオタクだからモテないという、コンプレックスのあるXさんは、あるとき、「Xさん、ものすごくインテリだよね！」と友人に褒められました。

そのときから、「自分のことをインテリと思ってくれる人と付き合いたいな！」と思うようになり、実際に彼のインテリ感に魅了されたYさんと付き合うようになったのです。

もし、友人のあのひと言がなく、自分の「質」に注目しなかったら？

もしかしてXさんはオタクであることを隠して、別の趣味を装い、その面の自分しか認めない人と、付き合っていたかもしれません。

その場合、Yさんと付き合うほど、しあわせにはなれなかったのではないでしょうか。

III部

同じ？　違う？
日本の「しあわせ」
他国の「しあわせ」

FRANCESCO PANTÒ

「しあわせ」は文化で異なる？

過去数十年にわたり、文化がしあわせや主観的幸福感（ＳＷＢ）に与える影響について、数多くの研究が行われてきました。そのため、「しあわせは普遍的なものだ！」という理論の裏付けは、どの国でも多くの経験が共有されています。

ある状況に感情的な意味合いをつけるにあたり、個人にとって有益なのか有害なのかを判断することで、感情が生ずるとする理論に、「感情に関する評価理論（appraisal theory）」というものがあります。

40年、182ヶ国、97件の研究により、7つの感情（怒り、軽蔑、嫌悪、恐怖、幸福、悲しみ、驚き）のうち、しあわせが文化間で最も正確に認識される表現であることがあきらかにされました[50]。

快い状況、目標やニーズ、欲求を満たす状況や出来事など、世界中で同じような条件の下で喜び――つまり、しあわせを感じているようです[51]。

文化は違っても、同じ状況から生じる感情は同じ？

異なる文化圏においては、同じ状況から生じる感情もまた、異なるのでしょうか？あるいは同じ感情と評価がされるのでしょうか？

この疑問をあきらかにするために、37ヶ国で7つの感情について調査しました[52]。その結果、感情の評価に関して、地政学的地域間で高い均一性が示され、評価メカニズムの普遍性が示唆されたのです。ただ、感情の評価のニュアンスと憶測された原因について、少し文化的な違いも示唆されました。これは、気候、文化的価値観、社会経済、人口統計学的要因に関連するようです。

また、私たちはしあわせなときに、同じような生理的な行動（例：笑顔／笑い、接近行動）を表すことも判明しました。

他国の人にとっての「しあわせ」とは？

プロローグでも触れたように、文化圏を問わず人々はしあわせになりたいと願っています。

では、世界の人々にとって「しあわせ」とは何なのでしょうか。

また、それぞれの文化において、どのように形成されているのでしょうか。

たとえば、多くのアメリカ人にとっては、しあわせとは譲ることのできない人間の権利であり、一般的にポジティブな経験、快楽的な経験や個人目標の達成と結びつけている傾向があります[53]。

一方、日本人（アジア人）は、社会的調和を語ることが多いようです。

日本人にとって、個人のしあわせはむしろ儚《はかな》いものであり、なんなら社会の破壊をもたらすものではないかと恐れているような、研究結果もあります[54]。

さらに、日本人はアメリカ人よりも、社会的混乱がないことと死後における社会での再評価を、しあわせの特徴として挙げる傾向が強かったのです。

自己改善に焦点をあてる日本人

しあわせなときに「感じるべき」感情に関する異文化研究では、アメリカ人が高揚感、熱狂、興奮といった覚醒度の高いポジティブな状態と結びつけるのに対し、日本人は穏やかさ、リラックスといった覚醒度の低いポジティブな状態に、結びつけることがあきらかにされています。

また、不幸につながる不満、負の感情の処理についても、さまざまな文化特有の対処行動が発見されました。アメリカ人は外在化行動（例：怒りや攻撃性）に焦点を当てたのに対し、日本人は超越的再評価（善をこなせば、社会の報いがあるなど）と、自己改善に焦点を当てたのです。

「しあわせ」は言語と深く結びついている

前述のような研究結果を受け、「しあわせ」と一口にいっても、同じ概念をそもそも指していない——文化によって違うのではないかと、研究者は疑問に思いはじめました。つまり「しあわせ」という言葉の意味は、文化によって違うのではないかと考えたのです。

たとえば、ポーランド語、ロシア語、ドイツ語、フランス語などの特定の言語では、英語と比較して、しあわせはより稀な状態や状況を想起させることが報告されました[55]。ドイツ人の14％が「sehr glücklich」（とっても嬉しい）」と答えているのに対し、アメリカ人の31％はvery happyと答えています。glücklichがhappyとまったく同じ意味ではないとしたら、これらの報告は意味のある比較ができているといえるのでしょうか。

英語のhappyとhappinessは中国語や他のヨーロッパ言語で、正確に意味的に等価であると考えるのは不正確ではないかというのが、この研究の考察だったのです。

各言語の「しあわせ」の意味

特に形容詞の場合、その違いが顕著であることがわかります。
単純な普遍的意味で言うと、名詞の「しあわせ」の意味は、

a）私にとても良いことが起こった
b）私はこんなことが起こってほしかった
c）私は今これ以上何も望むことができない

という、認知シナリオと結びつけることができます。
これに対して、形容詞の「嬉しい」の認知シナリオは、

a）いくつかの良いことが私に起こった

b）私はこのようなことが起こることを望んでいた

c）私は今、他に何も望まない

と、表現することができるとされています。

つまり、「しあわせ」と「嬉しい」の大きな違いは、「とても良い」と「良い」の対比（構成要素a）と、「今は何も望むことができない」と「今は何も望まない」の対比（構成要素c）にあります。

形容詞の「嬉しい」と違い、名詞の「しあわせ」な状態のとき、人の心はあふれんばかりに満たされ、それ以上の欲望や願いが入る余地はないように思われます。

かつて形容詞happyが名詞happinessと意味的に近かった時代には、pretty happyのような連語は英語には存在せず、英語を話す人にとってhappyになること自体が「格別な」ことと見なされていました。

英語のhappinessは今でもある程度、希少でユニークなものと見なされていますが、形容詞のHappyの場合は同じとは言えません。

"I'm happy with the present arrangements." のような構文フレームは、happyの意味上の弱体化を反映しています。

この弱体化は、近代英米文化における感情の激しさに対する傾向の中で、感情が弱体化するプロセス全体が、表れているのではないかと思われます。

つまりアメリカ人は "I'm happy, I love you." を過剰に言うため、その格別な意味合いは少し失われているのではないかという考察です。

happyという言葉の著しい広がりは、woes, sorrows, griefs（それぞれ複数形）といった否定的な言葉の衰退と背中合わせにあります。

古い英語では、woes, sorrows, griefsは日常生活を指す言葉として普通に使われていましたが、現代の英語では、griefは愛する人の死という例外的な出来事に限定されています。

一方、happyという言葉は英語の感情形容詞の中でも、最も広く使われるようになりました。

つまり「**しあわせは言語と深く結びついている**」ことが、あきらかになったのです。

文化的使命と適応能力

個人のしあわせは、ある程度、文化の慣習に合わせて生まれるものだという研究結果があります[56]。

考えると、不思議なことでもないかもしれません。

ある組織、ある集団、社会に所属するには、その組織のルールに準じないといけません。準じることで所属感、安心感を覚えられるでしょう。

この概念は「文化的使命（cultural mandate）」とされています。

たとえば、日本の場合、社会人として敬語を使いこなせることができなければ、その人の社会への適性は疑問視されます。

敬語を使いこなせることで適性が判断され、社会への所属感が安定するのです。

安心して所属感を感じられると、自分の居場所があるという感覚につながり、幸福感が高くなります。

この場合は、「敬語を使いこなせる」というのが、「文化的使命」となり、言い換えると「文化的使命」と、幸福度の間に示唆された相関が、「適応能力」にたとえられるのではないでしょうか。

環境に順応し「合わせる」ことで、集団から排除／追放されるリスクも少なくなります。ただ「文化的使命」を満たしても、得られるしあわせというのは表面的なものに過ぎません。

また、それぞれの文化には、それぞれの文化的使命が存在します。

たとえば、アメリカ人にとっては「個人管理」、日本の場合は「関係の調和」が、主な「文化的使命」となります。

銃の規制の問題はアメリカの外から考えれば理不尽に見えますが、個人管理がすべてと思うアメリカ人にとっては、いつでも自分を守れる権利は譲れないものと感じているでしょう。

逆に日本人は、関係の調和が乱されるときのほうが、不満を感じる傾向があるといいます[57]。

文化的使命の「落とし穴」

文化的使命の落とし穴として、すべてのしあわせはその文化的使命に合わせることで得られるわけでもないことが挙げられます。

自己実現こそがしあわせの原点であれば、文化のいかんを問わず、個人の普遍的なニーズが満たされない限り、しあわせも手に入りません。

一方、他者との共存が文化的使命の場合、自己実現のための個人の普遍的なニーズが優先されない可能性があります。

「社会的アイデンティティー（social identity）／役割」の概念と被る部分がありますが、日本の場合はしあわせは社会に溶け込む、他者と合わせるだけで満たされるという誤った認識もまた、背景にあるかもしれません。

ただ、自身の中にあるしあわせのイメージは、特定の文化の慣習に尽くせるものでもなく、このような生き方は、創造性や自己の表現力が異常に制限されます。

個人の責任だけではなく、社会の責任も大きいでしょう。文化的使命に合わせない人たちは変わり者、変人と思われがちで、疎遠にされることは珍しくないのです。

たとえばサッカーのファンであることは、イタリア人男性の文化的使命と思われます。イタリア人男性の青春にはサッカーは欠かせないものであると。

ですが、個人個人のしあわせのイメージに、サッカーが必ず入るわけでもありません。というのは、個人の自己欲望の抑制につながらない限りは、文化的使命はある集団に合わせるため、居場所を見つけるためであるからです。

一方、これ以上の役割を担うと、逆に個人のしあわせに支障をきたすリスクもあります。

運に左右されるもの？

しあわせの中に、運の要素はどれくらい入っているのでしょうか。

30カ国におけるしあわせの定義のメタ分析によると、80％の国において「しあわせ」は運と偶然に左右されると、考えられていることがあきらかになりました。

これは、古代中国やギリシャにおいて、しあわせは運命的な概念であり、運と関係する神の贈り物と考えられていたのと同じです[58]。

おもしろいことにアメリカでは、しあわせの定義に運や運命的な概念はもはや含まれていません。むしろしあわせは完全に、個人で作れるものと思われています。

一方、アジア圏においては、しあわせには「運」の要素が強くあると思われています。

たとえば、東アジアの多くの文化圏では、儒教的な考え方がもとにあり、しあわせであることに対して、そこまで敏感にならないことを奨励しています。

そのため、中国人はアメリカ人に比べて、自分の人生がいかにしあわせで満足できるものであるかを、あまり考えない傾向があるとされています。

同じく日本人は欧米人の言う「自分で作るしあわせ」に対して、ためらいがちな態度をとっています。

また、アジア圏においては、「喜び（しあわせ）の裏には不幸が潜んでいる」という考えから、しあわせを嫌う、あるいは恐れる文化もあるとされています。

この議論が本当であれば、しあわせの積極的な追求というのは、必ずしもしあわせをもたらさないかもしれません。

健康への影響は？

文化圏を超えたしあわせの追求について、さらに分析してみましょう。

しあわせの追求が健康に及ぼす影響について、文化的な相違が見られることは、研究でもあきらかになっています。

アメリカ人はかなり意識的に、しあわせを追求する傾向があると話しました。ただ最近の研究では、アメリカ人にとって意識的なしあわせの追求は、孤独感や失望感など、しあわせにマイナスの影響を与えることがあきらかになってきました[59]。

一方、ドイツ、ロシア、日本、台湾においては、しあわせの追求は健康への影響を予測せず、逆に幸福度の上昇と関連していることがあきらかになりました。

このような異文化間の差異を説明するものとして、自己構成（独立型と相互依存型）の違い（今まで話した個人主義と集団主義）に、起因する可能性が指摘されています。すなわち、集団主義的文化圏では他者と社会的に関わることで、しあわせを追求するからこそ「疲れない」。

一方で、自己への焦点が強く、自尊心が人生満足の重要な予測因子である個人主義的文化圏には、同じことは言えない。

個人主義の人は自己実現の難しい課題を追求するため、しあわせを追いかける途中、失望に遭ってネガティブな感情を覚える可能性が高いといえるのです。

解釈の数だけ、「しあわせ」へのルートは存在する

しあわせを追求することは偏在的であるにもかかわらず[60]、最近の研究は驚くべき逆説的効果を示唆しています。

しあわせを追求するモチベーションが高い人は、ポジティブな結果を経験する可能性が低く[61]、高い抑うつ症状[62]、より大きな孤独感[63]、およびより悪い将来の気分障害の病気の経過がみられました[64]。

これらの結果は、文化が個人差によるしあわせの予測方法を調節することを示唆する、重要な研究群を基礎とし拡張しています[65]。

しあわせを社会的関与の観点から捉える傾向がある集団主義的文化[66]では、しあわせを追求する動機づけが強い人ほど、より社会的関与の高い方法でしあわせを追求するよう促すかもしれません。

一方、アメリカでは、しあわせの追求に意欲的な個人は、社会的関与を通じてしあわせを追求することを、文化的に特に奨励していないかもしれません。

「日常的な経験をどのように解釈するか」

このように、しあわせの追求は、それが行われる文化によって、まったく異なるものになる可能性があるのです。

では、しあわせは激しく追求するものではなく、社会的なつながりや関与を通じて、後から追いかけてくるようにすることで達成するのが、最善と言えるのでしょうか。

必ずしもそうでもないでしょう。

しあわせが、社会的なつながり、居場所など自己効力感、自己満足感と関係があるのははっきりとした事実です。

ですが、個人がイメージするしあわせを追いかけるのが、大事なことに変わりありません。

問題は自分のすべてを懸けて、必死になりすぎたために、外部的な要因で失望するときです。

ダライ・ラマは思いやりを、デビッド・スティンドル＝ラストは感謝を、ウイリアム・バトラー・イェーツは成長を、アントワーヌ・ド・サン＝テグジュペリは創造的行動をしあわせと言い、アルベルト・アインシュタインはしあわせとはテーブル、椅子、フルーツボウル、バイオリンであると述べています。

心理学者のミハイ・チクセントミハイは、「私たちが生きる喜びは、究極的には、心が日常の経験をどのようにろ過し、解釈するかにかかっている」と述べています。

結局のところ、しあわせの解釈の数だけ、しあわせへのルートが存在することになります。

確かに言えるのは、積極的な社会参加、自己受容、他者に貢献する、現実的な期待に基づく自己実現などが、しあわせへの道しるべになることです。

エピローグ
日本人がもっと、さらに「しあわせ」になるために

FRANCESCO PANTÒ

日本人がもっと、さらに「しあわせ」になるためには、どうすればいいのでしょうか――。

今まで触れた文化論とエビデンスを背景にして、まとめとして、筆者の考えを述べたいと思います。

1. 「自分の感情」を大事にして表現しよう

「しあわせ」には、健全な他者コミュニケーションが不可欠です。

そして〝健全なコミュニケーション〟をとるには、「対話」することが不可欠です。

一般的に日本では、特にパブリックにおけるコミュニケーションにおいて、形式通りのコミュニケーションをすることが強く求められます（これも、暗黙の了解といえます）。

この場合のコミュニケーションは「会話」です。

たとえば、敬語をどう使いこなすか、あるいはどう人と接するかなど、その場面場面によって形式が異なる側面は、イタリア人の著者から見ると、かなり極端に映ります。

それがすべて、悪いという気はまったくありません。

多くの日本人は、かなり近い（親しい）関係でないと、あまりにオープンなコミュニケーションは逆に距離を作る原因にもなるからです。

ただ、親しい間柄でも自分の本心（感情）を隠してしまうことも、またよくあるのではないでしょうか？

「対話」は相手を尊重しながらも、自分の本心（感情）を隠したままでは、成立しません。

本心を明かすというのは、脆弱性――自分の弱さもまたさらすことでもあります。

言い方を変えると、「負の感情表出」（悲しみ、怒り、絶望、不信、恐怖、退屈、など最も人間らしい感情）をしなくてはなりません。

「わざわざ、そんなことを……」と思われるかもしれませんが、**恥ずかしい部分（脆弱性）は、他者に受け入れてもらった時点で「このままの自分で大丈夫」＝「自己ア**

イデンティティー（personal identity）／固有性」を大事にする——自分自身を尊重することにつながります。

また、こういった対話は、「自己顕示」と「自己効力感」を高めるためにも有用なのです。

日本でありがちな、自分を尊重できない——つまり自己否定の恐怖は、自分の性格を変えられない単調なキャラ設定に落とし込むキャラクター文化、遠慮、我慢文化と過剰な社交辞令に拍車をかけています。

自身に対する、否定的な評価への耐性を作りましょう。

たとえ認められることはなくても、「個人的なアイデンティティー（personal identity）／固有性」を表し続けることで自尊心は高まります。

多少誰かに嫌われても、動じない心を育てる必要があるのです。

欧米には多少誰かに嫌われるのは仕方がないことと思われ、逆に自分の個性がちゃんと成立している証拠として、捉えられるケースが多いものです。

特に日本人がしあわせを求める行動は、嫌われる圧力の方向性と反することとなります。

他者に嫌われないように行動をとれば、自分自身の「自己アイデンティティー(personal identity)／固有性」を裏切り、尊重できない単調なキャラが心に定着し、生きるのがどんどん息苦しくなってしまいます。


素直な意見を述べる。

直感に任せる。

過去に示したキャラと矛盾している今の自分でも価値がある。

素直な自分である。

変わっている自分はおかしくない。


他人に相当の不快感を与えない限り、どんどん自分の感情を表に出しましょう。

固定のキャラを守る必要はありません。

そして、これはしあわせのもう一つの側面、自己表現発揮能力と自己実現能力の育成にも通じるのです。

2. 根拠がなくても全然OK！　もっと自分に自信をもって！

もっと自分に自信をもって、自分の感情に素直に生きましょう。

人に落ち込んでいる姿を見せてもいいのです。

落ち込んだ感情を無視して、空元気《からげんき》をずっと続ければ、自己感情に大きな負担をかけるのは、先にも述べた通りです。


イライラしちゃう自分、落ち込んじゃう自分――。


「あら……」という、自分を見せられる親密な関係の構築は、しあわせになるために大事なことの一つです。**健全なエゴイズムを育みましょう**。

「いつか認めてくれるはず」と、ふわふわとした期待に身を任せ、自分を押し殺して生きるのはしあわせどころか、心身をおかしくしてしまいます。「他人にどう思われるのか」――考えたところで、人が思っていることは変えられないのです。

他者を優先して、自分を犠牲するのは、けっして美化すべきことではありません！

何より大事で優先されるべきは「自分」。

他者がいくら満足しようと、自分も満足しなければ、私たちは「しあわせ」にはなれないのです。

そもそも、自分に自信があれば、他人の評価は「あなたは、そう思うんだね」でおしまいです。

根拠がなくても、自分に自信を持つこと。

あなたはすでに、オンリーワンでユニークな人なのですから。

「**私は特別！**」

その、健全なずうずうしさこそ、新しい発見、新しい自分の入り口、しあわせへの第一歩となるのです！

3. 何に影響されて、自分は何を必要としているのか自覚を持つ

今までの議論では、文化としあわせの関係性について触れてきました。

ですが、それぞれの文化が、それぞれの「しあわせ」というものに絶対的であれば、集団主義の要素が強い社会の人々は、社会組織の一人として社会に一所懸命に貢献するだけで、いつもしあわせでいられるということになる――。


これは言うまでもなく不正確です。

筆者から見ると、しあわせは文化に依存する部分があっても、普遍的な部分も混在しています。

その普遍的な部分には、人間個人としてのニーズが含まれているのです。

「個人的なアイデンティティー（personal identity）／固有性」の育成、発揮、自己感情、発言の表現の担保、周囲と合わせることもなく、偽りのいらない生き方を選ぶ

権利。恋愛の自由。

これさえあれば一人の人間は日本人であれ、アメリカ人であれ、しあわせになれるのではないでしょうか。

文化はどちらかというと、自発的に私たちの心に生起するしあわせの器になるものです。

自発的なしあわせは、その器の形に合わせようとします。

この努力が適切であれば、個人のしあわせはその人は住んでいる国、文化のしあわせと近づき、個人と社会の間に「摩擦」は生じません。

ただし、文化の圧力が強すぎたり、本人の自己感情の固定能力が不十分であれば、しあわせの追求に支障が出てしまう可能性があります。

本人は意中のニーズをあきらめて、社会のモデルに合わせる、また意中の思いを生かして、のけものにされる。

社会に見捨てられれば不幸になることは当然でしょう。

結果としては社会に合わせたほうがしあわせであるという、誤った認識を抱く可能性もあります。

自分の感情と社会の承認、私たちのしあわせは常に天秤にかけられていて、脆いバランスを維持しなければなりません。

何に影響されて、自分は何を必要としているのか自覚を持つことが必要です

＊＊＊

日本人に限らず、**人間の心と価値観は多種多様であり、どれも否定されるべきものではありません**。

ときには批判を恐れず、仕草や言葉遣いなど、なんでもいいので自分自身を出すこと。

自分の負の感情を受け入れ、相手もさまざまな感情を持つ人間だと認めること。

自分も他者も、多様性のある人間でいいのです。

心を開放し、何に影響されて、自分は何を必要としているのか、少しでも自覚を持てるようになれば、もっと、もっと、あなたが望むしあわせに近づけるはずです。

精神科医
パントー・フランチェスコ

参考文献

1 Oishi & Gilbert, 2016, p.54

2 Elder-Vass, Dave, 2010

3 Thoits, P. A. (2013). Self, identity, stress, and mental health. In C. S. Aneshensel, J. C. Phelan, & A. Bierman (Eds.), Handbook of the sociology of mental health (pp. 357–377). Springer Science + Business Media. https://doi.org/10.1007/978-94-007-4276-5_18

4 Jan E. Stets and Peter J. Burke

5 Stryker、1980

6 Oakes, P.J(1987). The salience of social categories. In J.C. Turner, M. A. Hogg, P.J Oakes, S. D. Reicher, M&S. Wetherell (Eds.) Rediscovering the social group: A self-categorization theory (pp.117-141). Oxford, UK: Blackwell.

7 Emotion regulation and mental health: recent findings, current challenges, and future directions Matthias Berking and Peggilee Wupperman

8 Mund M, Mitte K. The costs of repression: A meta-analysis on the relation between repressive coping and somatic diseases. Health Psychology. http://doi.org/201110.1037/a0026257

9 Emotion Suppression and Mortality Risk Over a 12-Year Follow- up Benjamin P. Chapman, PhD, MPH, Kevin Fiscella, MD, MPH, Ichiro Kawachi, MD, PhD3, Paul Duberstein, PhD, and Peter Muennig, MD, MPH

10 Mols F, Denollet J. Type D personality among noncardiovascular patient populations: a systematic review. General hospital psychiatry. 2010Jan-Feb; 32(1):66–72.10.1016/j.genhosppsych.2009.09.010 [PubMed: 20114130]

11 Hirokawa K, Nagata C, Takatsuka N, Shimizu H. The relationships of a rationality/antiemotionality personality scale to mortalities of cancer and cardiovascular disease in a community population in Japan. J Psychosom Res. 2004; 56(1):103–11.

12 Classen C, Butler LD, Koopman C, Miller E, DiMiceli S, Giese-Davis J, et al. Supportive-expressive group therapy and distress in patients with metastatic breast cancer: a randomized clinical intervention trial. Arch Gen Psychiatry. 2001

13 Hareli, S., and Hess, U. (2012). The social signal value of emotions. Cogn. Emot. 26, 385–389. doi: 10.1080/02699931.2012.665029

14 "Understanding facial expressions in communication: cross-cultural and multidisciplinary perspectives," in Understanding Facial Expressions,

15 Koopmann-Holm, B., and Tsai, J. L. (2014). Focusing on the negative: cultural differences in expressions of sympathy. J. Pers. Soc. Psychol. 107, 1092–1115. doi: 10.1037/a0037684

16 Rickwood D, Thomas K, Bradford S. The Sax Institute. 2012. [2019-10-02]. Help seeking Measures in Mental Health: A Rapid Review

17 Rickwood D, Deane F, Wilson C, Ciarrochi JV. Young people's help-seeking for mental health problems. Aust J Adv Mental Heal. 2005

18 Fenichel, O. (1995). The psychoanalytic theory of neurosis. W W Norton & Co.

19 Barriers to help-seeking by men: a review of sociocultural and clinical literature with particular reference to depression

20 Bland, R.C., Newman, S.C., Orn, H., 1997. Help-seeking for psychiatric disorders. Can. J. Psychiatry 42, 935–942.

21 Makara-Studzińska M, Kryś-Noszczyk KM, Wdowiak A, Kamińska M, Bakalczuk S, Bakalczuk G. Comparison of biopsychosocial functioning of women of different nationalities in the perimenopausal period. Prz Menopauzalny. 2014

22 Erikson EH. Childhood and society (Rev ed) New York: WW Norton & WW Norton & Company;1963. [Google Scholar]

23 松尾洋平・渡辺三枝子 (2007) 現代の中年職業人が．抱く不安感と心理的危機 経営行動科学，20,2,.号 155-168. みずほ情報総研

24 Westermeyer J, Janca A. Language, culture and psychopathology: Conceptual and methodological issues. Transcultural Psychiatry. 1997

25 Bird HR, Canino G, Davies M, Zhang H, Ramirez R, Lahey BB. Prevalence and correlates of antisocial behaviors among three ethnic groups. Journal of Abnormal Child Psychology. 2001

26 Polanczyk G, Silva de Lima M, Horta BL, Biederman J, Rohde LA. The worldwide prevalence of ADHD: A systematic review and metaregression analysis. American Journal of Psychiatry. 2007

27 Two interpretation of Japanese Culture,1993, Ritsumei University

28 Lloyd, Mike (16 March 2011). "Japanese remain calm while dealing with quake aftermath". www.news1130.com. Archived from the original on 24 March 2011. Retrieved 8 July 2020.

29 The link between childhood trauma and addiction,Published On - December 15, 2021,Author: Claudia M. Elsig, MD

30 Quartana P and Burns J. Sep 2010. Emotion suppression affects cardiovascular responses to initial and subsequent laboratory stressors

31 R. Grossarth - Maticek et al.
Self-regulation and mortality from cancer, coronary heart disease, and other causes: A prospective study.Personality and Individual Differences(1995)

32 Grossarth-Maticek R et al. Journal of Psychosomatic Research. 1985;29(2):167-76, Psychosocial factors as strong predictors of mortality from cancer, ischaemic heart disease and stroke: the Yugoslav prospective study

33 Chapman B P et al. J Psychosom Res. Oct 2013 Oct; 75(4): 381–385. Emotion Suppression and Mortality Risk Over a 12-Year Follow-up

34 The Power of Vulnerability: Teachings on Authenticity, Connection, & Courage CD – オーディオブック, 2012/11/15

35 Andrews & Brown, 1993

36 Sinclair & Wallston, 1999

37 Sinclair & Wallston, 2010

38 Van Vliet, K. J. (2008). Shame and resilience in adulthood: A grounded theory study. Journal of Counseling Psychology, 55(2), 233–245. https://doi.org/10.1037/0022-0167.55.2.233

39 Mayer & Vanderheiden, 2019; Wong, 2017

40 Gherghel et al, 2019

41 Weinstein & Ryan, 2010

42 Jiang & Gore, 2016

43 Buchtel et al., 2018; Janoff-Bulman & Leggatt, 2002; Miller, Das, & Chakravarthy, 2011

44 Buchtel et al.,2018

45 Buchtel et al., 2018

46 Gherghel et al., 2019

47 Weinstein & Ryan, 2010

48 Hoffman Reference Hoffman, Ware and Shapiro,2020

49 Anti-Defamation League,2020

50 Elfenbein, H. A., & Ambady, N.,2002

51 (Scherer, K. R.,1997)

52 Scherer, K. R.,(1997)

53 Oishi, S. Et al. 2013

54 Uchida, Y., & Kitayama, S. (2009)

55 Wierzbicka, A.2004.
56 Ford BQ, Dmitrieva JO, Heller D, Chentsova-Dutton Y, Grossmann I, Tamir M, Uchida Y, Koopmann-Holm B, Floerke VA, Uhrig M, Bokhan T, Mauss IB. Culture shapes whether the pursuit of happiness predicts higher or lower well-being. J Exp Psychol Gen. 2015 Dec;144(6):1053-62. doi: 10.1037/xge0000108. Epub 2015 Sep 7. PMID: 26347945; PMCID: PMC4658246.
57 北山 (2010)
58 Oishi, S et al.,2013
59 Ford et al.,2015
60 Diener et al., 1998
61 Ford & Mauss, 2014
62 Ford, Shallcross, Mauss, Floerke, & Gruber, 2014; Mauss et al, 2011
63 Mauss et al.,2012
64 Ford et al.,2015
65 例：自尊心；Diener & Diener, 2009；Fulmer ら, 2010；Suh, 2002
66 Lu & Gilmour, 2004; Uchida & Kitayama, 2009

著者紹介

パントー・フランチェスコ

1989年イタリア・シチリア島生まれ。

ヨーロッパ最大の私立大学であり、世界で最も大きなカトリック大学である、サクロ・クオーレ・カトリック（聖心カトリック）大学医学部卒業。

幼少期に『美少女戦士セーラームーン』に感銘をうけ、多くのアニメ・マンガ文化に触れるうちに、将来日本に住むことを決意。

医学部の勉強と並行して、『名探偵コナン』全話（当時）を観て独学で日本語を学び、日本語能力試験で最も難易度が高いN1に一発合格。

イタリアの医師免許を取得後、ローマ最大であり、イタリア国内では2番目の規模を誇る、ローマ教皇御用達のジェメッリ総合病院勤務を経て、日本政府（文部科学省）の奨学金留学生に選ばれ来日。

イタリア人で初めての日本医師免許取得者となる一方で、筑波大学大学院博士号取得（医学）。慶應義塾大学病院にて初期研修医として研鑽を積んだのち、同大学病院精神・神経科教室に入局し、精神科専門医となる。

現在は複数の医療機関にて精神科医として勤務する傍ら、日々ヲタ活に励んでいる。

好物はメンチカツと桜味の和菓子。


X（Twitter）：@PantoFrancesco

イタリア人精神科医　パントー先生が考える
しあわせの処方箋《Tips》　〈検印省略〉

2024年 2 月 20 日 第 1 刷発行

著　者――パントー・フランチェスコ
発行者――田賀井 弘毅
発行所――株式会社あさ出版
〒171-0022 東京都豊島区南池袋 2-9-9 第一池袋ホワイトビル 6F
電　話 03（3983）3225（販売）
03（3983）3227（編集）
F A X 03（3983）3226
U R L http://www.asa21.com/
E-mail info@asa21.com
印刷・製本 （株）光邦

note http://note.com/asapublishing/
facebook http://www.facebook.com/asapublishing
X http://twitter.com/asapublishing

ISBN978-4-86667-661-6 C0030